赵　瑜

花边鲁迅

Huabian Lu Xun

—— 著

河南文艺出版社
·郑州·

作者简介

　　赵瑜,1976年生,中国作家协会会员。河南省文学院专业作家。出版长篇小说《六十七个词》《女导游》等六部,散文集《小忧伤》《小闲事:恋爱中的鲁迅》《小念头:恋爱中的沈从文》等十余部。其中《小闲事:恋爱中的鲁迅》被中央电视台"子午书简"栏目制作五期专题节目,入选当当网2009年度文学类图书畅销榜。曾获杜甫文学奖、在场主义散文奖等多种奖项。

目 录

序　　鲁迅先生是一座富矿

　　读鲁迅的日记,或者书信,会冷不防地被他逗笑。比如,"1912 年 9 月 6 日,阴。上午赴本部职员会,仅有范总长演说,其词甚怪"。又如,"1913 年 2 月 13 日,昙。下午有美国人海端生者来部,与次长谈至六时方去,同坐甚倦"。还有他刚到教育部上班时的日记,写"枯坐终日"。不是说领导的坏话,便是陪着领导谈话时打瞌睡,实在是一个不怎么热爱工作的职员。

　　然而,这位教育部的职员,在"五四"之前的一年突然成了一个知名的作家。

　　这一点,连他自己都没有预料到。1919 年 4 月 16 日,学生傅斯年办了一份杂志,叫作《新潮》,向他约稿,他回信说:"《狂人日记》很幼稚,而且太逼促,照艺术上说,是不应该的。来信说好,大约是夜间飞禽都归巢睡觉,所以单见蝙蝠能干了。我自己知道实在不是作家,现在的乱嚷,是想闹出几个新的创作家来,——我想中国总该有天才,被社会挤倒在底下,——破破中国的寂寞。"

1923年8月,《呐喊》出版,鲁迅成为当时中国最为"畅销"的小说家。

从此以后,他过上了知名作家的生活,仅在《两地书》中或者1925年至1927年致友人的书信中,便有不少章节段落里写到他做"名人"的苦。

做了名人以后的鲁迅,并没有多少坏习气,相反,更加普通了,列举一下,看看他做了名人以后做的事情:谈了一场恋爱,出了不少本书,吵了不少架(其中一次还差些打官司),帮助了不少年轻人。最有趣的,还和人争风吃醋过。成名以后,他并没有找经纪人搞签名售书,而是不停地帮助年轻人编杂志,给韦素园看病,给李霁野挣学费,给高长虹校稿子,给李秉中做励志课老师,等等,这些工作,哪像个成名的作家做的啊。

我常常看到萧军、萧红写信给鲁迅,立即便得到鲁迅的回信,这让人感觉温暖。那是个多好的时代啊,当时中国最有名的作家,一个陌生的写作者,写一封信,他便会马上回复。

如果我现在给中国最有名的作家写一封信呢,我不敢想那封信的命运会不会被邮局退回,或者压根儿收不到回信。

成名后的鲁迅很少吹捧别人,几乎都是在骂人。他是一个真诚的人,与他关系很好的刘半农1926年的春天要重印《何典》,请鲁迅写序。鲁迅应下了,却在信中批评刘半农的"迂",他写道:"我看了样本,以为校勘稍迁,空格令人气闷。半农的士大夫气似乎还太多。至于书呢?那是:谈鬼物正像人间,用新典一如古典。三家村的达人穿了赤膊大衫向大成至圣先师拱手,甚而至于翻筋斗,吓得'子曰店'的老板昏厥过去;但到站直之后,究竟都还是长衫朋友。不过这一个筋斗,在那时,敢于翻的人的魄力,可总要算是极大的了……难违旧友的面情,又该动手。应酬不免,圆滑有方,只作短文,庶无大过云尔。"

《何典》于当年6月出版后,刘半农送了一本给鲁迅,但没有签名。鲁迅知道刘半农不高兴了。刘半农去世后,鲁迅写《忆刘半农君》说,这批评使"半农颇不高兴了"。在这篇怀人文章里,鲁迅写道:"但他的浅,却如一条清溪,澄澈见底,纵有多少沉渣和腐草,也不掩其大体的清。倘使装的是烂泥,一时就看不出它的深浅来了;如果是烂泥的深渊呢,那就更不如浅一点的好。"鲁迅将新青年的陈独秀与胡适和刘半农对比,说"我佩服陈胡,却亲近半农"。

鲁迅去世后,林语堂写了一篇忆念文字,说鲁迅与周作人一热一冷,他喜欢鲁迅的热。

是的,鲁迅内心里总有一堆干燥的木柴堆在那里,许广平点了一把,他便着了。

不仅仅只是许广平,还有很多左翼的青年,他们每一个人都拿着一根火柴,将鲁迅先生当作火柴盒上的火药纸,用力地擦一下,便点着了手中的火把。

仔细想一下，整个二三十年代，鲁迅就是那个火柴盒子，那么多年轻人围在他身边，便因为他内心里有一股火，有温度。

　　他的这个温度一直没有变凉过，鲁迅在中国，成为一个神话，也和他文字里一直藏着的这个火把有关吧，他要么照耀我们，要么温暖我们，总是有用的。

　　个体的意志一旦被集中表达，便可能成为病态。在中国大陆，鲁迅热一直未减，这源自国家一直对鲁迅进行着造神运动，从1949年至1999中，长达五十年的时间里，中国的逻辑是抽空了鲁迅先生的原貌，努力地虚构出一个高大全的鲁迅来。

　　鲁迅在热烈传播的同时，离我们越来越远，鲁迅已经成为一个符号，他远离自己，漂泊不已。前两天翻陈丹青先生的新书《笑谈大先生》，看到一段话（大意）说，鲁迅的儿子和孙子并不能随便来谈论鲁迅。鲁迅虽然是他们的父亲和爷爷，但是，鲁迅更是中国的一个文化符号，是一个国有商标，鲁迅的产权不归鲁迅先生的后人，而是归国家。

　　看到这里，我很想笑。陈丹青先生给我们讲了一个像极了笑话的真实故事。也就是说，在中国，有一个大型的国有企业，公司的名字叫作鲁迅，然而，这个公司里养着数以万计的专家学者，他们整天研究鲁迅先生日记里散发出的洗脚水的气息，却和鲁迅先生的后人联系不多。而鲁迅先生的儿子、孙子几乎被排斥在这个体系之外。

　　鲁迅本人是非常厌倦以偏概全的。他曾经有过一段精妙的话:"譬如勇士,也战斗,也休息,也饮食,自然也性交,如果只取他末一点,画起像来,挂在妓院里,尊为性交大师,那当然也不能说是毫无根据的,然而,岂不冤哉!"

鲁迅本人也是这样的,他也崇高,也有思想,甚至也幽默风趣,会谈恋爱,但如果只取崇高的一面挂在墙上,说鲁迅先生是道德模范,那他岂不亏哉。

关于鲁迅的虚构,新中国成立以后非常多,鲁迅先生给毛主席送过火腿,给红军发过电报,甚至和某某将军的会面也具有了特别的政治内涵。

其实鲁迅在左联的时候,就已经开始着手批评周扬和徐懋庸了。如果鲁迅不死,那他绝不是体制里老老实实写宣传词的政工干部,他一定是一个具有独立判断的公共知识分子、不说假话的真理和常识捍卫者。

在很长一段时间里,鲁迅犹如被关在了牢里,是一个僵硬的思想大牢,又过了一阵子,鲁迅的研究者们都识大体,从不发不雅之言论。一直到20世纪90年代,关于鲁迅的研究才开始注意尊重鲁迅先生本人的人生态度:不装。

鲁迅特别讨厌在日常生活里假兮兮的人,又或者是文绉绉不接地气的人。哪怕这个人是他的亲弟弟,也不行。比如他批评周作人写一首《五十自寿诗》一大群人无病呻吟地唱和,将无趣当肉麻。又比如他给自己的学生李秉中写信讨论安全套和妓女的问题，这些话都是不崇高的，不完善的，却又是幽默的有趣的。

神化鲁迅的历史也正是消灭真实的鲁迅的历史，当中学生们喊出"一怕文言文，二怕周树人"时，当中学教材里鲁迅的文字被拿下而引发一片欢呼声时，可以看得出，鲁迅是一个任人打扮的小姑娘。而挂在牌坊上的那个部分，恰好是鲁迅自己最讨厌的。

我不得不经常提醒那些个欢呼的人，说，你们所看到的鲁迅其实是死后的鲁迅，如果你想了解他，请看看先生去世以前的文字，多么跳跃、真诚和华丽。

陈丹青先生说他喜欢鲁迅是因为鲁迅好看又好玩，那么，我想说的是，我喜欢鲁迅是他独立又狷介、热情又幽默。

1903 年 3 月 鲁迅断发照。摄于日本东京

　　1902 年秋,浙江籍留日学生一百零一人在东京组织浙江同乡会。此为

会后合影,第四排左起第十四人为鲁迅

一　《自题小像》

　　许寿裳是出现在鲁迅日记里次数最多的人，他和鲁迅同乡同学又同过事，同嗜同好又同过志，要好得很，且不分彼此地忠诚于友谊，直至生命的终结。他写《怀旧》，有这样一句："一九〇三年他二十三岁，在东京有一首《自题小像》赠我。"

　　这是一首颇有文采的诗，在过往的一段时光里，一直被当作革命诗歌来解读，其实，这是一首爱情诗：

　　　　灵台无计逃神矢，风雨如磐暗故园。
　　　　寄意寒星荃不察，我以我血荐轩辕。

　　照片是 1903 年拍的。第二年，鲁迅将照片赠给许寿裳，并在照片的背面写下了这四句诗。这诗中隐约暗藏着苦涩，如果撕掉最后一句口号般的宣泄词，那么，可看出写作者周树人内心满是苦楚。

关于鲁迅的恋情，鲁迅的弟弟周建人曾经在回忆文字里说到过，鲁迅是有一个初恋的，那便是琴表妹。母亲鲁瑞也是喜欢的。然而，这个从小和鲁迅一起玩耍长大，颇有共同语言的琴表妹并没有成为如意的人选。原因自然和传统文化中的迷信有关。琴表妹比鲁迅小两岁，是属羊的。可是，在越地，旧有的谚语很是管用："男子属羊闹堂堂，女子属羊守空房。"属羊的女人是克夫的命，鲁迅的母亲也逢着人便说，鲁迅是个襄衣包，就是胎盘先生下来，孩子后生出来的。这样的孩子旧例是身体较弱。

于是，这门亲事还没有提出来，便黄了。最先反对的人，据说是给鲁迅讲《山海经》的长妈妈。恰好邻居家有一门亲戚，掐算了一番，八字和鲁迅是合的，便是比鲁迅大三岁的朱安。这在旧时是好的。女大三，抱金砖。闻听起来总是吉祥。加上说媒的邻居描述能力极好，奔走往来几次，便成了好事。

1902 年 3 月，鲁迅从南京矿路学堂毕业，大概是用了功，被选中做官派的留学生，赴日本留学。正是在鲁迅留学日本期间，母亲在书信里百般地夸赞朱安，并说是已经替他付了彩礼钱。鲁迅并未见过朱安的模样，听母亲的描述，倒也是个书香之家，他有些无奈，却也不乏期待，写信给母亲，说了两条，一是不能再裹小脚了，二是要读书。1903 年 8 月，鲁迅利用暑假回绍兴探亲，母亲向他谈及了此婚事，大约是怕鲁迅以后反悔而污了家族的面子，所以，有计划地定下亲事。

鲁迅是个孝顺的人，母亲欢喜地帮他定了一门亲事，自然是为了他好。他也不能拂了母亲的好意，但内心里又总有一种暗淡的感觉挥之不去，那是被绑缚的感觉。

后来，许寿裳在《〈鲁迅旧体诗集〉跋》中谈到《自题小像》时写道："首句之神矢，盖借用罗马神话爱神之故事，即异域典故。"在罗马神话中，有一个长着翅膀的少年，就是爱神丘比特。他的箭同时暗暗射中某男某女的心，这男女双方就会结合。鲁迅在五四时期写有一首白话诗《爱之神》，就写到过这位爱神。

　　然而，不论鲁迅如何躲避这支从母亲的好意里射出来的爱神之箭，他也总不能让守寡多年的母亲难堪。祖父的科考案，父亲的死，家道中落的打击时时伴随着母亲，唯一能做的便是让母亲做一次主，选个她喜欢的儿媳妇吧，反正以后过日子，还是婆媳相依为命得久远。

　　果然被鲁迅的这首诗言中了，他没有抛弃母亲送的这个礼物，却也没有改变自己的初衷，他觉得自己内心里有一扇窗关上了，那么，他或者可以打开另外的窗子，比如医治一下让他绝望的中国。

　　当时的鲁迅，在日本所认识的朋友多是革命党人。在二十岁刚刚出头的年纪，在那样一个青春的气场里，身边的人又恰好是热血的，倘若爱情不能成为温暖自己的住所，那么，便将内心放在另外的理想里。

　　这样也好。

1904 年仙台医专同学合影。第二排右起第三人为鲁迅

1904 年 4 月,鲁迅在日本弘文学院就读时的毕业照。摄于日本东京

二　　富士山，鲁迅的一个诨名

　　鲁迅喜欢给人起绰号，倒是常常有文章说起的。在日本，听章太炎讲座的人不多，大抵有许寿裳、周氏兄弟以及钱玄同等八人。有时候正课讲完，便会有一段议论。钱玄同喜欢这议论，他大约是喜欢动来动去的，表达激动。肢体的动作夸张了，和某某对话便将屁股向某某靠近些。鲁迅便给他起了一个绰号"爬来爬去"。不仅在口头上起绰号，就连在文字里也是如此的，多年以后，在《两地书》里，鲁迅偶尔来了兴致，还会用"爬翁"一词来玩笑一下钱玄同。

　　关于在日本给人取诨号的事情，周作人描述得最为具体，说鲁迅大约得了思乡病，看到书上有关故乡食物的字词便大流口水。和周作人通信，也多问家里的蔬果长势如何，味道如何，大有借信纸来止渴之势。而这个时候，有一个朋友（名字叫作吴一斋）从南京来，带来一小方可以解大家思乡之苦的食物：火腿。如何将火腿加工得好吃，又可以让大家都能分享到呢？大家伙经过一番商议，终于做了一个艰难的决定，将火腿蒸好了，切开，分而食之。结果，大概是下女领会错了意思，将火腿切成小片，而炖了一锅汤，大家分倒也是分着吃了，只是再也吃不出火腿的味道。南京来的朋友很是生气，见人便祥林嫂一般地描述他的火腿被一锅汤浪费了。如此这般者三四，鲁迅便开玩笑地称他为"火腿"。

这样的例子仿佛还有许多，周作人的原文活泼，录在这里："鲁迅给人起的诨名一部分是根据形象，大半是从本人言行出来的。邵明之在北海道留学，面大多须，绰号曰'熊'，当面也称之曰熊兄。陶焕卿联络会党，运动起事，太炎戏称为'焕强盗''焕皇帝'，因袭称之为焕皇帝。"

如果再列举下去，还有一些好玩的绰号和鲁迅有关，比如章廷谦的"一撮毛哥哥"，本来是章恋爱时女友无意中叫的一声，被鲁迅先生听了去，结果，在赠送章廷谦的书上，鲁迅先生写上"赠给亲爱的一撮毛哥哥"。再如从《两地书》里走出来的"朱山根""红鼻"这些贬义的绰号，也是极尽了鲁迅的用心。

鲁迅给这许多人起了外号，自然也是有收获的，除了《两地书》中许广平亲昵地称他为"小白象"之外，还比如高长虹曾经送给他"世故老人"的称谓。

又包括鲁迅自己有时候也会给自己捡一个绰号来，他的笔名有时便是一个绰号，如那篇著名的"隋洛文"，是因为不久前，他成了被通缉的堕落文人。

然而，在日本期间，鲁迅有一个比较早的绰号，叫作"富士山"。据沈瓞民在《回忆鲁迅早年在弘文学院的片断》一文中所说，鲁迅在日本留学时,对大清帝国的留学生不求上进、不学无术的现象十分不满,因而对他们的衣着打扮也很看不惯。特别是对那些留学生头顶上盘着大辫子,把学生制服中的帽子顶得高高耸起的样子感到十分滑稽,所以称他们是"形成了一座富士山"。这样的内容,鲁迅在他的《藤野先生》里也描述过,当时,大家听鲁迅如此描述盘在头顶上的辫子,都笑到喷饭。沈飐民在金泽医学专门学校有一个同学,叫王立才,平时喜欢和沈一起到鲁迅的住处玩耍,他为人风趣,爱开玩笑,他听到鲁迅如此棱角分明地讨厌那不久前也盘在自己头上的"富士山",一时间惊出一身冷汗,尴尬地自嘲说,幸亏将自己身上的富士山镇压了,不然又要被周树人嘲笑。因此,他便每每以富士山来称呼鲁迅。他这样一叫,意料之外的是,响应者云集。于是,"富士山"这个诨名,在同学中传得相当广。当然,这诨名之所以能够让诸多人相互传叫,有一个因由,便是鲁迅的热情,内心里有一股火山一样的热情,时时都想着喷发出来。而日本的富士山也曾经是一个蕴藏着能量丰富的大火的火山。

这个诨号,和鲁迅给吴一斋起名"火腿"巧妙相似也。后来在《两地书》,鲁迅偶尔还会说起他起过的某人的诨号,而对自己的诨号"富士山"却一直没有说起过,大抵是觉得自己内心里储藏的火山岩浆都被许广平的淘气给浇灭了。

1904 年，与绍兴籍留日学生合影。左起：陈仪、许寿裳、鲁迅、邵文镕

三　　　鲁迅曾想投靠的人：陈仪

　　许钦文是鲁迅的学生，且与之挺亲密。除了他的妹妹许羡苏帮助鲁迅打理了多年书房这一层惹人猜测的关系外，还有就是，鲁迅先生当时总是拿他当作掩护。即使是和许广平蜜月的时候到杭州旅行，也还要许钦文陪睡。

　　许钦文在《鲁迅日记中的我》一书中细述过这段有趣的经历："钦文，你日里有什么事情，尽管跑开去做；可是夜里，一定要回到这里来睡，每天夜里一定都要到这里来，一直到我们回到上海去！"然而正是这位陪睡的伴郎，在1933年入了监狱。当时的鲁迅收到消息以后，第一时间就写信给许寿裳，让他托陈仪找警察局的关系，前去营救。

　　想来，陈仪是鲁迅喜欢的那种类型的朋友。他的经历便可以明证这些。1902年到日本留学，其间，曾参加光复会；军官学校毕业后于1909年回国，而后参加辛亥革命的浙江独立运动。其后做过浙江陆军部长、浙江省省长。1926年，陈仪投向北伐中的国民党，后出国到欧洲，回中国后被蒋介石委任兵工署署长，颇获赏识。

这一段经历介绍完毕后，不由得让我想起与鲁迅通信不多，却感情甚笃的李秉中，李秉中的经历竟然和陈仪极其接近。有革命的热情，喜欢用血和力量来参与世界，改变世界。鲁迅何尝不想呢，奈何性格使然。所以，他在《两地书》第一封信里，便表达了自己的革命观："对于社会的战斗，我是并不挺身而出的，我不劝别人牺牲什么之类者就为此。"鲁迅先生虽然不挺身而出，但对能挺身而出的人总是多几分好感，总觉得这样的人做了他想做而不能的事情。

陈仪和许寿裳、邵文熔以及鲁迅四个，当时是在日本留学的绍兴老乡。他们的这张合影，初存在许寿裳那里。1930 年 7 月 13 日，鲁迅挚友许寿裳携长子许世瑛来访，赠送了一帧 1904 年合影的复制件。

关于鲁迅和陈仪的交情，鲁迅的日记里多有记载。从 1912 年到 1930 年，鲁迅日记里记下陈仪的名字有十八次之多。曹聚仁曾经出版过一本《鲁迅评传》，对鲁迅的一些材料掌握得颇多，他在一篇文章里写到鲁迅与陈仪的深厚情谊："鲁迅常常感慨，说，如果在上海待不下去，我就找公洽当兵吃粮去。"

陈仪出国了，是去德国，看到一本《歌德的书信与日记》，知道鲁迅会喜欢，而国内无售，便带回来，专程送给鲁迅。鲁迅出了新书，也签了名字，急急地送过去。鲁迅去世之后，陈仪（时任福建省政府主席）捐赠了一千元，又跟郁达夫共同募集了五百五十四元，共计一千五百五十四元，托许寿裳汇寄许广平，作为"纪念文学奖金"，帮助许广平出版《鲁迅全集》。《鲁迅全集》出版以后呢，他又一次性购买很多套,分送给福建省各图书馆及重点学校;甚至还直接干预学校教材编写,赞美鲁迅的文字好,应该入选各个学校的教材。

然而,陈仪,如此厚待过鲁迅、郁达夫和许寿裳等人的一个将军、官员,先后出任国民革命军第十九军军长,福建省政府主席,浙江省政府主席等要职。可是,因为他在新中国成立前夕策动汤恩伯起义,未果,于1950年6月18日在台湾被蒋介石下令枪毙。

对了,忘记交代一句,陈仪和蒋介石也是在日本留学的同学,且是蒋介石的师兄。

1906 年 2 月, 鲁迅与施霖摄于日本仙台

四 鲁迅的笔误一:关于施霖

　　韦素园改了名字,但鲁迅写习惯了,随手便写下了"素园兄"三个字。鲁迅也是看到新出的《莽原》杂志,才知道韦素园改为了"韦漱园"。这是1926年10月15日,这一天,鲁迅将刚写好的一篇旧事重提寄了过去。这便是那篇著名的《藤野先生》。在这篇文字里,先生写道:"我就往仙台的医学专门学校去。从东京出发,不久便到一处驿站,写道:日暮里。不知怎地,我到现在还记得这名目。其次却只记得水户了,这是明的遗民朱舜水先生客死的地方。仙台是一个市镇,并不大;冬天冷得厉害;还没有中国的学生。"

　　这一段文字特别地交代了,仙台是一个市镇,他是第一个去留学的学生。然而,看鲁迅的合影便知道了,有一个叫施霖的工科生,比他还早数月进入仙台。

　　这段笔误在鲁迅的合影照片未公布之前,一直是被当作历史资料来看的。是啊,接下来先生的文字更是补充他的孤独感:"大概是物以稀为贵罢。北京的白菜运往浙江,便用红头绳系住菜根,倒挂在水果店头,尊为'胶菜';福建野生着的芦荟,一到北京就请进温室,且美其名曰'龙舌兰'。我到仙台也颇受了这样的优待,不但学校不收学费,几个职员还为我的食宿操心。"

这一天,除了将《藤野先生》这篇文字写完之外,鲁迅还给许广平写了一封解释自己内心孤独的信。大抵是前一封信,说到了自己在厦门大学的种种落寞,而惹得"广平兄"十分焦虑。这一次呢,是舒缓了精神,耐心地解释,一切并不如前信所说的那么不堪,信是这样说的:"我的离开厦门,现在似乎时机未到,看后来罢。其实我在此地,很有一班人当作大名士看,和在北京的提心吊胆时候一比,平安得多,只要自己的心静一静,也未尝不可暂时安住。但因为无人可谈,所以将牢骚都在信里对你发了,你不要以我在这里苦得很。其实也不然的。身体大概比北京还要好点。"

这一封信写得非常恳切,但同时出卖了鲁迅。他的确是觉得孤独了,这孤独融化在任何一篇文字里,都会成为种子,生出莫名的心绪。我想,《藤野先生》一文中,鲁迅特地说到自己一个中国人在那里留学,也许并非出于虚荣,而是出于孤独感的表达需要。

散文写作,毕竟不是写日记。对自己的个人史有所修饰,比如自己明明在夜晚没有看到月亮,但为了表达的需要,硬是让月亮升在心灵的某个窗格子上,也是无不可的。

所以,这一天,孤独的鲁迅忆念起自己在日本仙台的生活时,有意遮蔽了一个同学的名字——施霖。

施霖除了在照片上与鲁迅先生在一起之外,少见记载。中国鲁迅研究的专家学者颇众，然而鲜有考证出施霖与鲁迅的交往资料。施霖来自浙江省仁和县，和鲁迅同时进入仙台医专的第二高等学校。鲁迅到仙台留学的消息是作为短讯发表在 1904 年 9 月 10 日的仙台《东北新闻》报，而两个月前的 7 月 12 日，施霖来仙台留学的消息就发表在《河北新报》上了。

近来，随着鲁迅的一些资料和照片公开，一部分学者开始追究起鲁迅被神化的根源和缘由，有学者指责鲁迅先生故意隐去同学的名字，以达到自我陶醉的目的。

其实，这是一种怪癖的考据心理。《藤野先生》一文毕竟是一种文学创作，不是纪录片旁白，更不是日记流水账。它是一篇对过往生活的忆念和追溯。在写作的同时，作者有选择地将月光、人物、背景、花束多一些或者少一些地进行堆集，我相信，这绝不是出于虚荣和刻意，不过是一种自然而然的写作选择。

相信，写作这篇文字的时候，鲁迅更多地关注于《藤野先生》，而绝不会想到，他随手写下的那句"仙台是一个市镇，并不大；冬天冷得厉害；还没有中国的学生"，竟然会在数十年以后被人考证。

我相信，先生是故意笔误的，因为施霖学习成绩较平，只在仙台上了两个学期，便退学了。

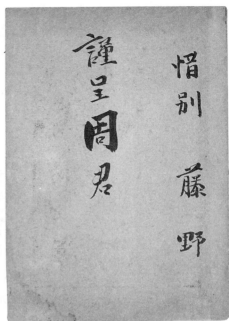

藤野先生赠送鲁迅的照片及背面题字

五　　鲁迅的笔误二：藤野先生

看过藤野先生的照片，会喜欢鲁迅的笔墨的精准，只有两行字，便将藤野先生刻画了出来："其时进来的是一个黑瘦的先生，八字须，戴着眼镜，挟着一摞大大小小的书。一将书放在讲台上，便用了缓慢而很有顿挫的声调，向学生介绍自己道：我就是叫作藤野严九郎的。"

因为中学语文教材的原因，藤野先生和白求恩、列宁等人一起，成为中国家喻户晓的外国人之一。甚至，在日本仙台，也因了鲁迅先生的缘故，藤野先生成为一个名人。

鲁迅从日本回国以后，除了给尚在日本的周作人写信寄钱物外，几乎没有写过在日本生活的回忆文字。差不多，《藤野先生》是他在日本生活的唯一文章。在这篇文章里，因为时间过了很久，鲁迅先生忆念起，十分深情。在他的笔下，藤野先生对他的作业进行修改，在鲁迅决定要退学弃医从文的时候，很是悲伤。

尤其当鲁迅写到藤野先生送他照片的时候，颇为详细："将走的前几天，他叫我到他家里去，交给我一张照相，后面写着两个字道：'惜别'，还说希望将我的也送他。但我这时适值没有照相了；他便叮嘱我将来照了寄给他，并且时时通信告诉他此后的状况。"

然而，1936 年 10 月 19 日，鲁迅去世以后，引起世界文坛的轰动。远在日本的藤野先生也被记者找到。他也看到了鲁迅回忆自己的文章，根据他的回忆，他写了一篇忆念鲁迅的文字，其中谈到了照片的情形，他的记忆是这样的："据说周君直到去世一直把我的照片挂在寓所的墙上，我真感到很高兴。可是我已经记不清是在什么时候、以什么样的形式把这张照片赠送给周君的了。如果是毕业生的话，我会和他们一起拍纪念照，可是一次也没和周君一起照过相。周君是怎样得到我这张照片的呢？说不定是妻子赠送给他的。周君文中写了我照片的事情，被他一写，我现在也很想看看自己当时的样子。我虽然被周君尊为唯一的恩师，但我所做的只不过是给他添改了一些笔记。因此被周君尊为唯一的恩师，我自己也觉得有些不可思议。"

藤野先生在教课的过程中，知道了一些日本人欺负中国留学生的事情。而他呢，在很小的时候，就对中国文化向往，所以，很尊重中国的先贤，不允许自己的学生欺负中国人，所以，在生活小节上偶尔会关怀到在异乡的鲁迅。这在他来说，不过是对所有留学生的共同的情感，而对于时刻有孤独感的鲁迅来说，无异于整个城市的温暖。

在《藤野先生》一文的结尾处，鲁迅写道："他所改正的讲义，我曾经订成三厚本，收藏着的，将作为永久的纪念。不幸七年前迁居的时候,中途毁坏了一口书箱,失去半箱书,恰巧这讲义也遗失在内了。责成运送局去找寻,寂无回信。只有他的照相至今还挂在我北京寓居的东墙上,书桌对面。"这是多么浓郁的感情啊。然而,这段话,也像他在这篇文章的开始处说仙台只有他一个以稀为贵的留学生一般,记忆是有误的。

那三本在《藤野先生》一文里丢失了的讲义,实际上并未丢失,只是搬家的时候更换了地方,而被鲁迅遗忘。后来,鲁迅去世后,整理他的遗物时发现了这一大批学习笔记。不是三本,而是六册。这六册笔记本分别是《脉管学》《有机化学》《五官学》《组织学》《病变学》《解剖学》。

文学作品,总会和真实稍有出入。然而,鲁迅却将一个对自己语言有过特别多的帮助的启蒙老师珍藏在记忆里,一直用合适的温度保存着,直到有一天,将他归还到文字里,让我们这些阅读者读来亲切、动容,感到有阵阵的暖意,就是最好不过了。

1905 年秋,与同住在公寓的五名住宿生前往仙台市东二番丁的小川写真馆合影留念

六　成绩单：中等生鲁迅

　　周作人在《鲁迅的青年时代》长文里仔细排列了鲁迅在仙台医专留学时的成绩表。分数是这样的：解剖 59.3，组织 72.7，生理 63.3，伦理 83，德文 60，物理 60，化学 60。总分 458.3，在全年级 142 人中排名第 68 名。

　　这意思非常明白了，鲁迅是一个中等生。然而，即使是如此中等的成绩，在日本来说，也是不能被容忍的。

　　鲁迅先生在《藤野先生》一文里写到了这一点："有一天，本级的学生会干事到我寓里来了，要借我的讲义看。我检出来交给他们，却只翻检了一通，并没有带走。但他们一走，邮差就送到一封很厚的信，拆开看时，第一句是：'你改悔罢！'这是《新约》上的句子罢，但经托尔斯泰新近引用过的。其时正值日俄战争，托老先生便写了一封给俄国和日本的皇帝的信，开首便是这一句。日本报纸上很斥责他的不逊，爱国青年也愤然，然而暗地里却早受了他的影响了。其次的话，大略是说上年解剖学试验的题目，是藤野先生在讲义上做了记号，我预先知道的，所以能有这样的成绩。末尾是匿名。"

这一段文字十分简洁，大体介绍了考试成绩出来以后的情形。日本人普遍瞧不起中国留学生，认为他们在日本语言都不通顺，怎么可能会考得这么好。一定是藤野先生在鲁迅的讲义上做了标记，提前漏了题目给鲁迅。

这种恶意的猜测，之前已经在黑板上曲折地表达过了。原来是前几天学校通知开会，黑板上班干部写了通知，大大的字："请全数到会勿漏为要。"这一行字中，"漏"字被一个圆圈圈上了，异常惹人注目。自然是有人看着鲁迅发笑，当时并没有引起鲁迅的注意，直到他收到这封匿名信，鲁迅才忽然联想起来，大悟了一下，原来那个圈是圈给自己看的。

鲁迅只好将这件事情告诉了他最信任的藤野先生，藤野先生找了班里的几个班干事，让他们将检查的结果公布出来，还鲁迅一个清白。

鲁迅先生的孤独无助，在被人怀疑的时候突显出来，同时也从一个侧面反映出当时日本国内的普遍情绪。在藤野先生的回忆文字里，也有过透露，周君来的时候是中日战争之后，又过了相当的年数，很可悲的是，当时日本人还骂中国人猪头三。在有这恶骂风气的时候，所以同年级生之中也有这样的一群，动不动就对周君加以白眼，另眼看待。我少年的时候，曾承福井藩校出身的姓野坂的先生教过汉文，因此一方面尊重中国的先贤，同时总存着应该看重中国人的心情，这在周君就以为是特别亲切和难得了吧。

然而正是藤野先生的这一份对异国留学生的特别关注,让鲁迅这个中等生的成绩有了"可疑"的把柄。

　　其实,当时鲁迅先生在仙台医专的时候,曾经给蒋抑卮写过一封信,在信里,他颇为自信:"近数日间,深入彼学生社会间,略一相度,敢决言其思想行为决不居我震旦青年上,惟社交活泼,则彼辈为长。以乐观的思之,黄帝之灵或当不馁欤。"他很乐观,认为日本人只是在社交上比较活泼开放,而思想行为以及对世界的看法,并不比中国的青年人高明。

　　不论是鲁迅的实际成绩,还是在他的老师藤野先生的眼里,鲁迅都不过是一个中等生。藤野先生在鲁迅去世后,写了一篇回忆文字,他的评价是这样的:"(他)在教室里很认真地记着笔记,但不管怎样,日语从一入学开始就既说不大清楚,也听不大懂,因此在学习上好像是相当吃力的样子。记得他并不是一个很出色的学生。"

　　然而,正是这个并不是很出色的学生,回国后,成了一个影响中国和世界的大作家,并用一篇短文,将藤野先生也悬挂在文学史上,成了一个国际知名的人物。据周作人回忆,早在 1935 年日本岩波出版社出版的《鲁迅选集》里,便选了这一篇《藤野先生》。

　　1906 年 2 月底,杉村宅郎会同班长铃木逸太郎及青木今朝雄、山崎喜山

为鲁迅举行话别会,并合影留念。左起第一人为鲁迅

七　　幻灯片事件：弃医从文

周作人在《鲁迅的青年时代》一文里写鲁迅为什么选择去仙台："本来在千叶和金泽地方，也都设立有医学专门学校，但是他却特地去挑选了远在日本东北的仙台医专，这也是有理由的。因为他在东京看厌了那些'富士山'们，不愿意和他们为伍，只有仙台医专因为比千叶金泽路远天冷，还没有留学生入学，这是他看中了那里的唯一理由。"

然而，正是这偏僻的地方，让鲁迅产生了弃医从文的理想。少年时父亲的病给鲁迅留下了深刻的印象，中医里那些怪异的偏方总带着神话色彩，让他觉得，父亲便是给中医害死了。他想学好西医来治疗像父亲这样无助的患病者。

然而，这个愿望在一场"幻灯片事件"之后改变了。大抵是鲁迅到了仙台医专的第二年（1906年），下半学期，新开了一门细菌理论课程。主讲的老师中川先生赶时髦，自费购置了一套德造的幻灯片给学生们放,其中就放了一些日俄战争的图片。

鲁迅在《藤野先生》一文里写道:"第二年添教霉菌学,细菌的形状是全用电影来显示的,一段落已完而还没有到下课的时候,便影几片时事的片子,自然都是日本战胜俄国的情形。但偏有中国人夹在里边:给俄国人做侦探,被日本军捕获,要枪毙了,围着看的也是一群中国人;在讲堂里的还有一个我。'万岁!'他们都拍掌欢呼起来。这种欢呼,是每看一片都有的,但在我,这一声却特别听得刺耳。此后回到中国来,我看见那些闲看枪毙犯人的人们,他们也何尝不酒醉似的喝采,——呜呼,无法可想! 但在那时那地,我的意见却变化了。"

"意见变化了",这便是鲁迅先生的"用医术治疗病人"的想法变了。他觉得,这些麻木的看客所患的疾病,比身体的疾病更难医治。他忽然明白了,或者,医治他们的内心比身体更来得长久,有意义一些。

日本鲁迅研究界,就"幻灯片事件"做过大量的调查,比如前篇文字里所提到的"匿名信事件"中的一些日本学生,班长铃木逸太郎在事后多年回忆说,在中川爱口关的细菌学课堂上看过四五次的日俄战争的幻灯片,好像是看到过中国人被枪杀的场面,但是学生们都很安静,没有叫好。

这是发生在1906年的事件,而文章却是在二十年以后写的,调查又是在鲁迅去世以后进行的,所以,时间的距离会让一些记忆渐渐模糊。但有一点是可以肯定的,鲁迅在仙台期间,日本和俄国正在中国的领土上打仗。

在这《鲁迅在仙台的记录》里,有关于中国间谍被日本处死的报道。在《河北新报》明治三十八年（1905年）7月28日第二版上发掘出来的"风云儿"的题为《四名俄探被斩首》的通讯，其内容如下：

　　今天下午三时，听说有俄探要被斩首，我刚好是从兵站部返回的途中，也就赶去看了。地点是在距铁岭街约"五丁"的南面的坟地。看热闹的照例是清人，男女老幼五千余人推推搡搡，拥成一片，蒜臭扑鼻，令人喘不过气来。不一会儿，时候到了，四名定为俄探的支那人五花大绑地被我宪兵像牵羊走进屠宰场一般地带了过来，他们看上去都在四十岁上下。宪兵特意带着他们在人群面前转了几圈示众。此时，这四个人都面色铁青，毫无血色，看热闹来的也都鸦雀无声，屏息凝视。（中略——引者）据他们自己招供，俄国人让他们去焚烧第×师团（东北）根据地附近的兵站部仓库，他们因此得到了动手费×百元，待事成之后，他们还将从某人手里得到事先谈好的另一笔钱。其心着实可恶，然而更为令人吃惊的是，这些俄探在几天前还受雇于当地兵站部，每天拿七十钱。不管怎样，他们现在又被拉到众看客面前，兵站部的某参谋拔出如水之刃，只见刀起头落，斩落其首，干净利落。这可恶的四个人，终于和新战场上的露水一同消失了。

　　这篇报道的内容，正是鲁迅在幻灯片里所看到的内容，而现场也果真有大量的看客。

　　鲁迅在日本仙台就读期间，日本攻克了中国的旅顺、奉天，日本举国庆祝，仙台也有祝贺活动，而这些鲁迅肯定都能看到。

所有这些活动,比那个幻灯片来得更为猛烈和冲击。那些呼喊声和庆祝时所喊出的万岁的声音,被鲁迅移植到了《藤野先生》这篇文字里,也正常不过。

不仅仅是在《藤野先生》这一篇文字里,包括他的作品集译成俄文版的时候的序言也写到此事。当然,即使是那篇著名的《〈呐喊〉自序》,鲁迅的记忆仍然停留在"我的意见变化了"的前兆里:"其时正当日俄战争的时候,关于战事的画片自然也就比较的多了,我在这一个讲堂中,便须常常随喜我那同学们的拍手和喝采。"

从仙台回到东京以后,鲁迅遇到许寿裳,对他说:"我退学了。"

许问:"为什么? 你不是学得正有兴趣么? 为什么要中断?"

"是的,"鲁迅踌躇一下,终于说,"我决计要学文艺了。中国的呆子,坏呆子,岂是医学所能治疗的吗?"

这是许寿裳在鲁迅去世后的回忆录里写到的,许的回忆文字最为可靠。他呼应了鲁迅在《藤野先生》一文里"意见变化了"。是啊,中国的看客太多了,呆子太多了,用医疗的针和药,一时间不能救更多的人,文艺或许可以唤醒他们。接下来,鲁迅便和许寿裳去筹划一本文艺杂志《新生》。这是多么有寓意的名字啊,鲁迅希望自己从仙台医专离开以后,另起一行,获得新生;更希望自己所做的选择,能使更多的"富士山"觉醒,获得新生。

朱安

1909 年夏，鲁迅回国照。摄于杭州

八　　忧郁的新郎

　　1906 年春天,驻日清公使馆留学生监督李宝巽向仙台医专的校长山形仲艺发了一个退学申请书,是关于周树人的。十天后,学校回复了公使馆,同意周树人退学。

　　从仙台回到东京之后,鲁迅将自己的学籍放在了一所德语学校,他喜欢尼采,总想着借着德语的梯子可以攀爬上去。只要学籍还保留着,便照旧可以领着清朝留学生的官费,所以日子倒也清闲。

　　然而,这年夏天,鲁迅突然接到母亲的病重电报,越洋过海的消息,让鲁迅来不及再回复问讯,直接回了绍兴。然而,等鲁迅到了家,看到大门口张灯结彩,一派喜气,才明白母亲的良苦用心。

　　鲁迅的母亲之所以这么急匆匆地催鲁迅回国结婚,是因为前不久,有一个留学日本的同乡回来,传播了一条关于鲁迅的流言,大抵是看到了鲁迅在日本神田的街头携着老婆孩子在逛街,仿佛还不止一个孩子。这一则新闻可是让老太太坐卧不安，已经订婚了的朱安虚岁已经二十九岁了，再不成婚，在乡下都没有办法出阁见人了。于是，万般无奈，鲁迅的母亲才想出这样一个计谋。

被亲情绑架了的鲁迅向母亲解释清楚了缘由，是他恰好遇到一位妇女独自带着三个孩子，鲁迅只是帮助妇女，却恰好被同乡的留学生看到，成了一场误会。

关于鲁迅的婚姻，曾经不止一次有人回忆过。鲁迅的堂叔周冠五在回忆时说："结婚那天晚上，是我和新台门衍太太的儿子明山二人扶新郎上楼的。一座陈旧的楼梯上，一级一级都铺着袋皮。楼上是二间低矮的房子，用木板隔开，新房就设在靠东首的一间，房内放置着一张红漆的木床和新媳妇的嫁妆。当时鲁迅先生一句话也没有讲，我们扶他也不推辞。见了新媳妇，他照样一声不响，脸上有些阴郁，很沉闷。"

在鲁迅家里做了近三十年工人的王鹤照在回忆新婚的鲁迅时说："这一次时间很短，我与鲁迅先生也没有讲话，他当时的穿着怎样我也记不大清楚了。但有一件事却还记得。鲁迅先生结婚是在楼上，过了一夜，第二夜鲁迅先生就睡到书房里去了，听说印花被的靛青把鲁迅先生的脸也染青了，他很不高兴。"

鲁迅在订婚以后便给朱安说过话，第一要放开小脚，第二要读书，然而，小脚放开时已经晚了。朱安大概知道鲁迅先生不喜欢小脚女人，所以，在结婚的当天，穿了一个大号的鞋子，结果还没有下轿子，鞋子便掉了出来。而鲁迅呢，结婚当天，因为旧俗，也不得不戴了一个有假辫子的帽子。

结婚后第二天，鲁迅搬进了书房，第四天，便和周作人一起去了日本。从此,朱安便成了鲁迅挂名的夫人。

1909年7月鲁迅回国,可是一回来他便住进了工作的学校,1912年他北上北京,一直到1919年的时候,他买了八道湾的院子将母亲和朱安接到北京去,有近七年的时间,鲁迅的日记里只有过一次关于朱安的记录,那是1914年11月26日晚上写的:"下午得妇来书,二十二日从丁家弄朱宅发,颇谬。"

只有过这一次记录,然而结尾的两个字呢,像极了他们的婚姻,颇谬。

"这是母亲送给我的礼物,我只好供养她。""她是母亲的太太,不是我的太太。"这样类似的话,与许寿裳说过,与许钦文说过,仿佛与许羡苏也说过。

这个忧郁的新郎,从朱安落在地上的那只鞋子上已经看到了他们的未来,结婚的当天晚上,掉了泪,蓝布印在脸上,连仆人都看出了他的悲伤。

"爱情是什么东西?我也不知道。"鲁迅在《随感录四十》里写道。

九　　师从章太炎的二三事

章太炎有神经病,仿佛见诸很多人的描述。他的学生中,鲁迅和曹聚仁都写到过。

章太炎自幼患了羊痫风,长到中年,还会偶犯,所以,他自称"神经病"。他有许多笑话在民间流传,比如他曾经在课余的时间半开玩笑地册封自己的弟子为王,完全模仿太平天国的建制,戏封黄侃为天王,汪东为东王,朱逷先为西王,吴承仕为北王,钱玄同为翼王。他的大弟子黄侃是如何拜他为师的呢?传说是这样的:有一天,在日本的章太炎在楼下的走廊外读书,而这个时候,突然从楼上泼下一小瀑布,差些就湿了章太炎的书籍,这让他很是恼火,于是对着楼上的人破口大骂。而楼上的小厮竟然不知悔改,和章太炎兵来将挡地对骂起来。二人于是展开了激烈的对攻,舌战良久。楼上的青年突然从楼梯间跑下来,章太炎以为对方要和他打架,做好了准备。哪知道,这个不讲卫生的家伙竟然是下来拜师的。青年便是黄侃，他骂着骂着觉得不对，他从对方骂人中觉出此人学识渊博，于是忘记了争吵，下来倒头便拜。

章太炎 1903 年因为在《苏报》发表《驳康有为论革命书》《〈革命军〉序》而获罪，被清政府羁押了三年，1906 年 6 月出狱后便被营救到日本，任同盟会机关报《民报》的编辑。

然而，到了日本后不久，章太炎便发现同盟会内讧得厉害，尤其是《民报》，常常面临着经费的紧张。因为听闻孙中山接受日本政府的支持，章太炎认为孙中山出卖了《民报》，将挂在报社的孙中山的照片撕下来，吐了口水还不解恨，又批上字，寄给了孙中山。

章太炎不会挣钱，《民报》眼看着便要关张。给孙中山写信，发电报，均泥牛入海。看来，情谊已经没有了。

正是在这样的情形下，章太炎为了生存，不得不去做一些讲座，挣些个散碎银子。这才有后来他诸多的徒弟。

周作人在《鲁迅的青年时代》里写到鲁迅和他是如何到章太炎那里听课的："其二是在 1908 年约同几个人，到民报社去听章太炎先生讲文字学，其时章先生给留学生举办'国学讲习会'，借用大成中学的讲堂，开讲《说文》，这回是特别请他在星期日上午单给少数的人另开一班。《说文解字》已经讲完，民报社被封，章先生搬了家，这特别班也就无形解散了，时间大概也只是半年多吧，可是这对于鲁迅却有很大的影响。"

鲁迅在听章太炎的课之前，做了两件事情，一是想要创办《新生》杂志，但因为经费的原因而流产了。二是和许寿裳一起于 1907 年的夏天在一个俄文学校学习了半年的俄文。可是，因为学费太贵，也只是学了半年，便散了伙。

然而，鲁迅学习俄文，并喜欢俄国文学，章太炎还是知道的，所以，一直到多年以后，有学生聚会的场合，他还专门问鲁迅的情况，有学生答鲁迅在上海，很是"左倾"。他便笑着说：可能是因为他喜欢研究俄国文学，才被这样看的。

　　据许寿裳的回忆，章太炎的《民报》小国学班，一共有八个人。周氏兄弟、许寿裳之外，还有五人，分别是早已经在大成中学班听课的钱玄同，章太炎的女婿龚未生，后来成为教育部鲁迅的同事的钱家治，后来成为许广平老师并和鲁迅在北京女师大成为同事的朱希祖，以及朱蓬仙。

　　然而，这些人中，后来，鲁迅和钱玄同疏远，和周作人闹翻，和其他均也淡陌，只与许寿裳终生情谊深厚如兄弟。

　　同样，鲁迅对章太炎也始终如一地尊重。章太炎落魄的时候，鲁迅前去探监，送些好吃的与衣服。许广平在《民元前的鲁迅先生》一文里写到过此事，当时章太炎被袁世凯关在北京的监狱里，章太炎性情直爽粗暴，受不了如此折磨，绝食。所有学生都没有法子，最后还是推选鲁迅前去，才说动了先生吃饭。

　　到了1925年，章太炎突然得势，成了军阀孙传芳的"王者之师"，周作人站起来批评自己的老师："先生现在似乎已将四十余年来所主张的光复大义抛诸脑后了。我相信我的师不当这样，这样的也就不是我的师。"这个时候鲁迅却又保持着克制，并没有说任何不利于章太炎的话。直到后来和曹聚仁通信时，说到共同的老师章太炎，才说："太炎先生曾教我小学，后来因为我主张白话，不敢再去见他了，后来他主张投壶，心窃非之，但当国民党要没收他的几间破屋，我实不能向当局作媚笑。以后如相见，仍当执礼甚恭。"

鲁迅秉性耿直，不造作，对人热情，疾恶如仇，所有这些性格均和章太炎十分相像。但是，鲁迅对比章太炎，更多了一份独立的人格，不盲目跟从。在章太炎威望如日中天，诸多弟子都消费"著名学者章太炎弟子"这一颇有"利息"的称呼时，鲁迅从来都是远远地观望，从不沾染一点点好处。

然而，到了章太炎死后，拖着一身的病，一直到临死前两天还写文章纪念的，是鲁迅。

那一片深情厚谊，岂是一句赞美和反对可以梳理得清楚？

1909 年初,鲁迅(左坐者)与许寿裳(后立者)、蒋抑卮合影于日本东京

1909 年初，在蒋抑卮病室中。摄于日本东京。右一为鲁迅

十　　银行家朋友蒋抑卮

《鲁迅书信集》里，第一封信，是写给蒋抑卮的。

蒋抑卮对鲁迅的一生至关重要，他是鲁迅年轻时认识的阔气朋友。比如，1904 年 4 月，从弘文学院结业的鲁迅想去仙台念医学专科，便是蒋抑卮做了他的担保人。

周作人在《鲁迅的青年时代》一文里写到鲁迅所起的诨号，钱玄同叫"爬来爬去"，邵明之叫"熊"。而蒋抑卮也有一个诨号，叫作"拨伊铜钿"。这是一句绍兴话，翻译一下，是"给他钱"。因为家里一直做生意，而且他的确身家不菲，所以，这个牛叉的人，认为这个世界上没有什么事情搞不定。"不行，给他钱啊。"

这话现在听来仍然好玩。

而这个有钱的朋友竟然还是一个热爱读书的人，不但喜欢听章太炎的课，还热爱藏书。

鲁迅的处女作品发表在许寿裳主编的《浙江

潮》杂志上,而这本杂志,是蒋抑卮赞助的。一直到后来,鲁迅和周作人翻译出了两本《域外小说集》,仍然是蒋抑卮出钱助印的。

蒋氏的后人蒋彦明回忆自己家族的账簿,账目上曾经有条目写着"寄日本仙台周树人先生大洋40元"。这说明,鲁迅在仙台念医专时,还曾受蒋抑卮的资助。

蒋抑卮比鲁迅年纪长七八岁,很有经营头脑,除了绸缎庄的生意,他还将家族的资本投资创办了浙江兴业银行,并且长期打理着浙江兴业银行。

1904年,因为耳疾,蒋抑卮退学回家。直到1909年耳疾复发,他才又一次见到鲁迅。这一次,他就住在许寿裳和鲁迅等人合租的房子里。鲁迅因为学了两年的医学,所以,对东京的专科医院就多一些了解,后来经过他的比较选择,终于联系了一家专门的医院,让蒋抑卮住了进去。这期间,鲁迅、许寿裳和蒋抑卮拍过多次照片。

蒋抑卮出院后,又回到鲁迅的寓所休养一段时间。谈论什么呢,除了说笑话,便是鲁迅正在做的事情。

鲁迅从仙台医专退学时,蒋抑卮并不知道,但是他听说鲁迅退学后,一点也不吃惊。因为他曾经建议过鲁迅学文科。鲁迅的肺不好,总是瘦弱,对天气特别敏感。蒋抑卮笑鲁迅"肋骨可以弹琴",还说,牙科医生要有一口好牙,内科医生也要有健康的内脏。而鲁迅因为阅读很多,又喜欢看一些报章,长处是一支笔。所以,蒋抑卮认为鲁迅是学文科的料。

所以,当蒋抑卮听说鲁迅"弃医从文",颇有些先知先觉地高兴,拍着鲁迅的肩膀支持,说,如果需要钱,就说一声。

当时的鲁迅,和周作人正在一起翻译一套东欧文学作品。有很浩荡的篇目，鲁迅说起来这些作品的时候，甚是激动。蒋抑卮当场同意资助。于是，鲁迅和周作人的处女作品集（译作），就这样在病房里商定了。《域外小说集》分为两册，1902年初，第一册印了一千本。可是图书印刷出来以后，发货到了国内，在上海开了一个寄售处，却没有售出几本。所以，大量的书就堆在蒋抑卮的仓库或者书房里。只好，第二册印行的时候，少印了五百本。关于这件事情，鲁迅并未在文字里感谢过，倒是周作人曾在不同的场合感叹过："假如没有这垫款，那小说集（指《域外小说集》）是不会得出世的！"

鲁迅与蒋抑卮交往颇多，除了上学时的资助，鲁迅回国以后，在日记里，提到蒋抑卮有四十二次之多。一直到鲁迅去世前的7月，蒋抑卮到上海大陆新村的鲁迅住宅看望鲁迅，看到鲁迅病得严重，忽然想起自己得病时和鲁迅在一起的时光。他有的是钱，诚恳地邀请鲁迅去他的别墅疗养，或者去日本治疗。但被鲁迅拒绝了。

那次见面，是两人的最后一次见面，他兴奋地说："冬天的时候，我出资给你办一个庆祝会吧，庆祝你创作三十周年。"蒋抑卮一生也没有改变过"拨伊铜钿"的习惯。然而，冬天没有到，鲁迅先生病逝。蒋参加了追悼会，并找到许广平说，要资助《鲁迅全集》的出版。

给你钱，好吧。一个文人身边，如果有个这样的朋友，也是一桩幸运的事情。

1910 年 1 月 10 日,鲁迅和浙江两级师范教员二十五人合影于杭州湖州会馆。前排右起第三人为鲁迅

十一　　鲁迅的第一份工作：生物老师

1909 年春天，本来计划去欧洲留学的许寿裳，因为公费申请的环节出了问题，大抵是留学监督辞职所致，恰好，杭州有一所师范学校新建好，校长沈钧儒邀请许寿裳到校做教务长。

许寿裳向鲁迅辞行，鲁迅当即对许寿裳说："你回国也好，我这里恐怕不久也要回去了，因为起孟（周作人）马上要结婚，生活费用从此增多，如果我不去谋事做，起孟恐怕也不能支持下去。你如果在师范学校立住脚以后，便帮我谋划一份饭碗。"

鲁迅后来在《自传》里也说道："终于，因为我的母亲和几个别的人很希望我有经济上的帮助，我便回到中国来。"

浙江两级师范学校是一个新式的学校，学校聘请了许多外籍老师，其中植物老师是日本人。而鲁迅回到两级师范学校，重要的一个工作，便是做日本老师的翻译。

除了做日籍教员的翻译以外，鲁迅还兼教学生们生物课和化学课。

鲁迅的生物课很是大胆，他决定给学生们讲生殖系统的课。自己认真地编了一些讲义，油印了发给学生们看。他上课前对学生们说，我讲课的时候不许笑。后来，他向同事们解释，这样的课因为讲授者单纯是从科学的角度在讲，所以态度是严肃的，如果这个时候有学生笑了，就会破坏这种气氛，让单纯的科普课变成了笑话堂。

因为鲁迅的生物课准备得充分，并引述国外的学生是如何上课的，所以，学生们竟然听得认真。课堂纪律一直很好。下课后，学生们广泛传播鲁迅先生的生物课，惹得其他班级的学生也来借鲁迅先生的讲义看。

鲁迅对学生们说："恐防你们看不懂的，要末，你们就拿去。"

除了打破传统地讲生殖系统的生物课，鲁迅还在课外的时候延伸讲解尸体解剖的知识。那时的封建传统，对死去了的人都是恐惧或迷信的，认为人死以后便会成为鬼。然而，鲁迅却说人死了以后，身体会慢慢变凉，器官会慢慢停止运动。他说："我曾经解剖过不少尸体，有老年的，壮年的，男的，女的。最初也曾感到不安，后来就不觉得什么了。"

作为日籍老师的翻译，他发现日语老师有时候讲课有些枯燥。有一次学生在日籍老师的课堂打哈欠出了声，老师罚学生站，认为学生不尊重他，一定要学校处分学生。那是一个毕业班的学生，如果处分了，学生毕业后颇受影响。如何是好呢，鲁迅自然要保护一下学生，居中调停，给全班每一个学生都记处分。结果，日籍老师自然也不好意思执着，但心里一直不平。为活跃学生们上植物课的气氛，鲁迅建议学校同意他们上户外课，这样，既避免了同学们上课打瞌睡的尴尬，又实际考察野外生长的植物，采集植物标本，增长了实践的知识。1910 年 3 月 1 日至 29 日，鲁迅与学生共外出采集标本十二次，地点遍及杭州郊外的山山水水。有一次，鲁迅和日籍教师一起带学生外出采集标本。在路上，学生看到一株开着黄花的植物，就问那个日籍教师它叫什么名字。日籍教师回答说：一枝黄花。学生们暗笑，私下议论以为他信口开河。这时鲁迅严肃地对学生说，要指出别人的错误，自己应该有把握有根据。你们回去可以查查《植物大辞典》，这个植物属于菊科，汉语名就是"一枝黄花"。你们这样不懂装懂，轻率地不相信老师是不好的。

　　学生们回到学校查完词典，向日籍老师道歉。鲁迅巧妙地调和了师生之间的矛盾。

　　然而，鲁迅的学生，也并非总是如此听话，也有恶作剧的学生。那是在鲁迅教生物化学的课堂上。有一次鲁迅讲硫酸，鲁迅怕学生们不知道厉害，反复强调这硫酸的腐蚀性极强，皮肤沾到一点，便会立即被烧伤。然而，分组做实验的时候，仍然有学生恶作剧用棉签蘸了一点硫酸在另外一个学生的后颈上点了一下，这个学生立即用手按住后颈，连声叫痛。鲁迅当时就震惊了，他马上过去给叫痛的学生搽药止痛，同时批评了那个恶作剧的学生。还有一次，恶作剧的学生竟然故意捣乱，故意整他。俞芳在一篇回忆文字里讲到鲁迅把烧瓶中的氢气和实验仪器拿进教室时，才发现没有带火柴，鲁迅只好对学生们说："我回去取火柴，你们千万别去碰这个瓶子，瓶子一旦进了空气，再点火就会爆炸的！"当鲁迅拿着火柴回到教室，一点火，那氢气瓶"嘭"就炸开了……这时候，鲁迅才发现，坐在前面两排的学生早已转移到安全的地方去了。

除了学生的恶作剧，还有一些同事的无聊。杭州的日租界开了数家妓院，那些老师在周末的时候会去光顾，然后回来便炫耀他们的见识，这让鲁迅有些气愤。身为师长，嫖妓回来，还要大肆炫耀一番，实在是无耻。

后来，校长沈钧儒离开，新来的校长夏震武是一个极端保守主义分子，要复古，对新学加以抑制。鲁迅觉得工作得非常不开心，便辞了工作，回到绍兴的一所中学去了。

十二　木瓜之役

1909 年 10 月初,浙江两级师范学校的校长沈钧儒升职,省里派了一个保守派来掌管学校。新来的校长叫作夏震武,是理学家。他颇顽固,很是看不上这所师范学校里的新派教师。他一上任,便要整治校事。

如何整治呢,首先是装束,夏震武认为,这是大清朝的学校,当然要穿大清朝的正装。所有的教师都要依旧制,要戴红缨帽,穿硬领的清朝制服,开叉袍,衬衫,外褂,高底缎靴,还要和他一起去祭拜"至圣先师"的牌位。

校长自然先要找教务长,时任教务长的许寿裳这样回忆说:"到了冬天,学校里忽然起了一个风潮,原因由于监督(校长)易人:衡山先生(沈钧儒)被选为咨议局副议长了,继任者是一位以道学自命的夏震武,我们名之曰'夏木瓜'。到校的一天,他要我陪同谒圣,我拒绝了,说开学时已经拜过孔子,恕不奉陪。他很不高兴,我也如此。接着因为他对于住堂的教员们,仅仅差送一张名片,并不亲自拜会,教员们大哗,立刻集会于会议厅,请他出席,他还要摆臭架子,于是教员们一哄而散。我因为新旧监督接替未了,即向旧监督辞职,不料教员们也陆续辞职,鲁迅便是其中之一。教员计有朱希祖,夏丏尊,章嵚,张宗祥,钱家治,张帮华,冯祖荀,胡浚济,杨乃康,沈朗斋……统统搬出了校舍,表示决绝。夏震武来信骂我是'离经叛道,非圣侮法',简直是要砍头的罪名;我便报以'理学欺人,大言巫实'。使得他只好勉强辞职,我们便回校,回校后开了一个'木瓜纪念会'。"

这个名单里的人有不少是从日本留学回来的,已经接受了新思想,夏震武的套路,自然不妥。因为浙江两级师范学校是一所模仿国外创办的新式学校,所以,有很多尊师重教的规矩,也是模仿国外的。比如,新校长履新时,一般都要礼貌地去拜见一下各位任课的老师。

可是,这位新来的夏震武不但不主动拜访老师,还差人将教务长许寿裳叫来,让许寿裳带了全校的老师的名单来,然后将自己的一沓名片递给许寿裳,对许寿裳说,先将我的名片发下去。

许寿裳本来是要提醒新校长注意礼节,提前拜访一下各位老师,以便拉拢一下关系。哪知,过两天,夏校长一纸手谕下来了,要求大家在指定的时间,穿着指定的官服来拜见他。许寿裳一看恼火了,这不是学习大清朝,下属跪拜上司吗?这种官僚气息十足的校长,又加上他要求的那些制服早已经成为前尘云烟,大清朝到了二十世纪初叶,开放了一些,一些旧礼和旧俗基本上没有保存。就浙江两级师范学校来说,有清朝遗老,梳着长长的辫子,也有从国外留学回来,戴了一个假辫子,而还有像许寿裳这样的,连假辫子也没有。

　　许寿裳将夏震武的手谕传给大家看，大家皆愤愤然。但还是在约定的时间去了学校礼堂候见。那天的夏震武，果然穿了官制服饰，模样甚是滑稽。夏震武一看这一拨新派的老师，穿什么的都有，像一群革命觉，很是不耐烦，对着许寿裳大声说："你看看，你们这个师范学堂办得很不好。"

　　谁知他这一句话惹了众怒，大家在下面大声回他："你说说，我们什么地方办得不好？"

　　夏震武平时总是说一些假道学的官话，背后，他的一些私事常惹人诟病，比如，他在母亲去世后的一年，便生了一个孩子。这在那些道学先生那里是不允许的。所以，他在上面一说话，下面开始骂他假道学，老顽固，假孝子。

　　双方争执起来以后，大部分老师提出辞职，并搬出学校。夏震武一看阵势超出他的预料，无奈，只能示弱，让随自己一起到师范学校工作的下属去挨个做老师们的工作，同意让步，只要老师能去上课，他收回一开始的要求。也有一小部分老师被说动了，计划回来。然而，这个时候，有鲁迅和张宗祥在一旁起哄，拼命嘲笑被夏震武的下属说动的人。因此，夏震武的下属们在汇报造反的老师们时，给鲁迅起了一个诨号，叫作"拼命三郎"。许寿裳因为长相秀气一些，得了一个"白衣秀士"的诨名。张宗祥呢，因为和鲁迅一起煽风点火，所以，得了一个"霹雳火"的雅号。

　　刚刚上任不久的提学史（教育厅长）袁嘉穀看老师们的情绪一时难以安抚，便劝夏震武辞职，可是夏震武拍着胸脯向袁嘉穀保证能将事情摆平，他的一句话后来成为鲁迅等人的笑柄和口头禅："兄弟一定要坚持到底!"

当时和鲁迅一起教授生物课的杨乃康也是留日的学生,他在后来回忆"木瓜之役"时,很清楚地记述:"大约僵持了半个月光景,袁嘉毅看看实在搞不下去了,就叫杭州人孙智敏来代校长,孙年轻,比较开明。孙来黄醋园,请我们回校,这场风暴就慢慢平静下来了。我们齐集在黄醋园湖州会馆拍一张照片,胜利地回校了。夏震武是个大木瓜,不识相,因此这一次斗争就叫作'木瓜之役'。凡参加'木瓜之役'的教职员,相互间都以木瓜呼之,上面加以姓。张冷僧未死前,我去杭州见他,仍以'木瓜'呼之,甚至他的儿女也叫我为木瓜叔叔。"

1919年冬天,浙江第一师范学校(就是原来的两级师范学校)又一次发生了风潮,浙江省教育厅以"非孝、非孔、公妻、共产"的罪名查办了陈望道等几个教师。原因是当时新上任的校长学生不接受,关闭学校大门,拒绝校长入内,政府派出军警开进了学校,结果,这样的行动激起了整个杭州城学生的愤怒,其他院校的学生闻风而动,纷纷卷了铺盖到杭州来支援学校的师生们。

鲁迅在事后曾说:"十年前的夏震武是个木瓜,十年后的夏敬观也是一个木瓜。"

看来,这所学校的"木瓜之役",竟然还有传统。

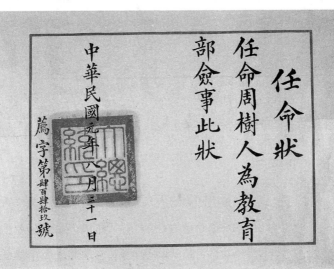

任命狀

任命周樹人為教育
部僉事此狀

中華民國元年八月二十一日

薦字第肆百肆拾玖號

魯迅的教育部僉事任命狀

十三　　教育部科长

　　鲁迅回到国内,工作一直并不顺畅,周作人在日本写信给他说,想要学习法语,需要钱,要他想想办法。可是,他刚到绍兴老家的一所中学任校长,工作并不舒服。1911 年 3 月 14 日,鲁迅致信许寿裳:"三四月中,决去此校,拟杜门数日,为协和译书,至完乃走日本速启孟偕返,此事了后,当在夏杪,比秋恐又家食,今年下半年,尚希随时为仆留意也。"

　　这段文字信息很是丰富,说了辞职后,要译书,而后去日本将周作人接回来,又让许寿裳替他留意工作。

　　照理说,鲁迅能教生物课又能教化学课,能译又能写,除了没有那条辫子之外,怎么说也是中国第一批"海归"。然而,事实上并非如此,一份关于中国留学生的材料显示:1896 年首批赴日本留学的学生只有 13 人,到了 1901 年便增加至 274 人,1903 年则一下增加至 1300 人,1905 年又猛增一次，变为 8000 人，1906 年和 1907 年均过万。然而，让鲁迅和许多留日同僚泄气的是，1906 年，清政府让归国留学人员做了一个考试，结果，考得较好的全是留学欧美的学员，所以，留日的学生名声一下子便臭名远扬。等到鲁迅回国的那年，国内出国留学的学生只有不到3000 人选择留学日本，多数去了欧美。

不知道这些信息会不会影响鲁迅找工作，但是，周作人的学费和家食（家里的负担）的确让他很是头痛。

现在想来，还是要感谢那个时代的宽容，许寿裳到了教育部工作以后，第一件事情就是向教育总长蔡元培推荐鲁迅。想一想，当时的鲁迅也正像女作家虹影写的一篇文章标题一样：在东京拜访一事无成的周树人。当时的鲁迅在日本留学没有选个像样的大学学完任何一个专业，他手里的证书有两个，一张是日本弘文学院日语学习证书，另一张是在仙台医专学习两年的经历证明。

世事的巧合让人感动，蔡元培有一个堂弟叫作蔡谷青，在日本留学，和周氏兄弟相处甚洽，他和蔡元培通信的时候说起过鲁迅，大抵是赞美的。所以，当许寿裳向他推荐鲁迅时，蔡元培说："我久慕其名，正拟驰函延请，现在就托先生代函敦劝，早日来京。"

先是到了南京临时政府，大抵工作了一个月，又去北京就职。

1912 年 5 月 5 日抵北京，第二天便搬入他在作品里写到过的"S会馆"，然而晚上睡觉的时候才发现，房间因为久未住人，早已经灰尘遍地，且床上某处木板大约生了虫子，有三四十只之多。鲁迅只好将铺盖卷起来，将写字用的桌子两个拼在一起，和衣睡了一夜。

一开始仿佛没有什么事情可以做，日记中记录得清冷："枯坐终日，极无聊赖。"

彼时,教育部的机构设置如下:参事室、承政厅和普通、专门、社会三个教育司。鲁迅被分配在社会教育司二科用事。第一科负责宗教礼俗,三科负责通俗教育,只有二科所负责的事务重要且范围颇广,主管博物馆图书馆事项、动物园植物园等学术事项、美术馆及美术展览事项、文艺音乐演剧等事项、调查及搜集古物事项等。这些管辖的范围倒是鲁迅所喜欢的。

后来,鲁迅在《自传》中解释过他此时的职务:"由此进北京,做到社会教育司二科科长。"

过了不久,因为社会教育司一科所涉及的内容和总统府的内务部有所重复,老是受到内务部的指责和牵制,于是,一科整个机构被撤销,业务并到了内务部。而这样,鲁迅所在的二科,其实已经变成了一科。

果然,1912 年 8 月 26 日,就在鲁迅的佥事一职任命书下来后不久,他又收到一纸任命书:社会教育司第一科科长。当然,虽然名称是科长,却和我们现行的科级不一样,因为直属于社会教育司,推算便可知,鲁迅先生是一个正处级的公务员。做了公务员,对于家里的经济状况,果然会有不小的帮助,《鲁迅日记》1912 年 8 月 30 日记录如下:"阴。下午收本月俸百二十五元,半俸也。夜半雨。"大约是因为当时的财政有赤字,所以,即使是刚刚成立的政府,官俸也不能足额发放。

但即使是半俸,在当时的民国初年,也已经是很富裕的了。然而,鲁迅却并不是一个适合做官的人,蔡元培离职以后,他更是觉得少了气味相投的人,工作并不积极。

他的不积极体现在以下几个方面,比如:衣着随意。他不喜欢像其他同事那样，扮演成整洁的模样，很随意地穿着打扮。还有，他不喜虚名，这是伴随他一生的品德，日记里多有这样的记载，1913年5月18日写道："上午田多稼来，名刺上题'议员'，鄙倍可厌。"不喜欢开会也是他致命的弱点，他觉得将生命消耗在如此虚无的会议上，实在是无聊。1913年2月13日的日记内容如下："昙。下午有美国人海端生者来部，与次长谈至六时方去，同坐甚倦。"这样的记录仿佛还有很多，像日记里记下的"黄炎培茶话会""审听国歌"等会议，他均没有耐心。

而最为影响他升迁的一件事应该是周建人在回忆录里提到的，他一点也不买好上司，完全不近人情地将上司交代的工作拒绝："鲁迅在教育部中任职的时候，他当社会司下面的一个科的科长，是管图书馆等事情的。有一回，一个次长叫他把一件公事给他批准，他看了一看公文，说不能批准。这种举动由旧日做官的看来，可以说是不照做官的规矩……"

在教育部的十四年里，除了打赢过一次官司，鲁迅基本上是一个撞钟的和尚。后来，在1925年一封致台静农的书信里，他自己也对自己进行过评价："其实我也不太像官，本该早就被免职的了。"

鲁迅后期写杂文的时候，曾经用过一个笔名——唐俟，便是在教育部时让同事陈师曾刻的印章化名而得。彼时鲁迅在绍兴会馆里常常抄一些古碑帖，给自己起了一个趣味十足的自号"俟堂"。周作人解释过一次，"就是古人的待死堂的意思，或者要引经传，说出于'君子居易以俟命'亦无不可，实在却没有那样曲折，只是说'我等着，任凭什么都请来吧'。"

是啊，在教育部期间，和他经历相似的留日同学伍仲文不久便升职为司长,还有一个只比他长三岁的在两级师范学校做校医的同事汤尔和竟然做了教育总长。

鲁迅呢,并没有任何眼红的举动,仍然十分怡然地做着他的区区的教育部的佥事。噢,对了,不久,还是因为蔡元培的关系,他去了北京大学教书。又不久,他因为一个老朋友的催促,写出了中国现代文学史上第一篇白话小说。

但他的身份一直是一个公务员:教育部社会教育司第一科科长。

1914 年 4 月至 5 月,鲁迅参与筹备全国儿童艺术展览会的工作,5 月 20 日展览会闭幕时摄于北京教育部。后排右起第三人为鲁迅

十四　　儿童艺术展览会期间的鲁迅

　　1914 年 6 月 2 日，鲁迅在日记里写道："与陈师曾就展览会诸品物选出可赴巴那马者饰之，尽一日。"这便是鲁迅与世博会的关系。这里说的"巴那马"，便是 1915 年 1 月 1 日在美国巴拿马举行的世博会。而这一天，他和陈师曾忙碌了一天，所挑选的物品，便是来自前不久刚刚闭幕的"儿童艺术展览会"。

　　其实这个儿童艺术展览会在民国也是第一次，自从 1912 年发起，本来计划第二年举行的，结果因为第二年国内发生了讨伐袁世凯的"二次革命"，一时间社会颇有些动荡，展览会便被当作了一个无限期的计划悬挂了起来。查看鲁迅的日记便可知，1913 年 3 月最后一天，鲁迅写道："午后同夏司长及戴芦舲往全浙会馆，视其戏台及附近房屋可做儿童艺术展览会会场不。"

　　当时，儿童艺术展览是由社会教育司主持的，司长自然要亲自过问，然而，具体操办便是主管图书馆、美术馆的第一科科长周树人来做了。

对于美术，鲁迅一直是喜欢的，不论是孩子时的描红，还是中年时一直对美术类书籍的阅读，一直到晚年仍一直支持木刻青年们出版作品等，他一直喜欢美术。许广平在回忆鲁迅在北京时的生活时，曾经专门写过鲁迅的阅读，比如刚到教育部时，他的阅读书目中便有《中国名画集》，还曾经做过关于《美术略论》的演讲。因为教育总长蔡元培当时主张在学校中推行美育，并提出"以美育代宗教"。这和鲁迅的想法不谋而合，因为美感是具有普遍性、超越性的，有了共同的审美，那么，便可以避免很多分歧。为此，鲁迅利用自己业余时的阅读和积累，进行了《美术略论》的演讲。这是一次历时一个月的主题讲座，从 1912 年 6 月 21 日起，每周一次，直至 7 月 17 日，共 5 次。鲁迅非常重视这次讲课，每天都在日记里认真记下讲课情况。

许寿裳在《亡友鲁迅印象记》"提倡美术"一节中写道："蔡先生也知道鲁迅研究美学和美育，富有心得，所以请他担任社会教育司第一科科长，主管图书馆、博物馆、美术馆等事宜。因之鲁迅在民元教育部署期演讲会，曾演讲美术，深入浅出，要言不烦，恰到好处，这是他演讲的特色。他并且写出一篇简短的文言文，登载在教育部民元出版的一种汇报。"

自从鲁迅 1913 年 3 月 31 日和社会教育司司长夏曾佑到全浙会馆看了一下戏台之后，一直到入冬，11 月 6 日，鲁迅日记里才又出现"儿童艺术展览会"的字样，这一天，鲁迅写道："午后同稻孙布置儿童艺术品。"

这一次是在教育部的礼堂布置的，这一次一下持续到第二年的

4月,布置了近半年,忙得鲁迅不亦乐乎。

这一次展览品类分得很细,大致有以下诸项:字画、刺绣、编织、玩具以及杂类的手工制作。为能让大部分参展作品有机会得到展示,鲁迅和工作人员设计了无数个方案,最后,将字画的大作品挂起来,小作品摆放在桌子上,其他的一些小摆件,也同小画作一样,摆放在可以看到的桌子上。

1914年4月21日中午开幕,《鲁迅日记》载:"午后一时全国儿童艺术展览会开会。"至1914年5月20日闭幕,一月整。然而展览虽然结束,还有许多工作并没有进行,比如评选出优秀作品的排名,5月23日,《鲁迅日记》载:"晴,风,上午开儿童艺术审查会。"这也就是将参选的所有作品按门类评选出一二三等奖。这项工作费时颇多,直到一个月后的6月24日,才评选出甲等奖151人,乙等奖423人。可见当时参加展览的人数之众。

值得一提的一个插曲是刘海粟,他当时还只是一位小学生。他有画画的天分,也十分喜欢在纸上涂抹,可他父亲却并不喜欢他画画,觉得他应该熟读四书五经考取个功名光宗耀祖才是。恰好,刘海粟的一个堂叔是个哑巴,不会讲话,只好学些绘画,别人家打家具时,他便去绘些彩色的画。刘海粟的父亲可不想让儿子学他的堂叔,那样没出息,可是,刘海粟还是偷偷参加了这一个展览会。果然,他画的一幅《螃蟹》,因形象生动,被组委会选中,刊登在全国儿童艺术展览会目录封面上。自己的孩子在全国绘画的孩子中都是佼佼者,这打动了父亲,父亲才勉强同意他画画。

1914年5月20日,鲁迅在日记里写道:"下午四时半儿童艺术展览会闭会,会员合摄一影。"这张照片一共满满地站了五排,而鲁迅作为这次活动的主持者,竟然站在最后一排,不知何故。

十五　　　鲁迅在教育部期间的薪水

　　鲁迅对钱财的依赖程度较高,他幼小的时候,
家道中落。家里的财产一点点变卖,为祖父的牢
狱之祸,为父亲的疾病。

　　去南京念书,东渡日本,这些都需要一些闲散
的银两,然而,家境已经紧张的周家还有两个正在
念书的弟弟。这时候鲁迅便格外地懂得节俭。而
且节俭过生活这个习惯一直贯穿了他的一生。

　　除了买书之外,鲁迅在做公务员之前,一直过
着一个经济适用男的生活。

　　看鲁迅和许寿裳的书信,可知,他一面央求许
寿裳帮他谋一个饭碗,一面还接着翻译的活计,因
为周作人在日本念书的花费是由他来提供的。

　　那个时候,他在浙江两级师范学校教书,一个
月的工资是 30 块大洋。按照购买比率换算,当时
的一个大洋折合今天的人民币 35～40 元。也就
是,当时的鲁迅一个月一千两百块左右工资。这
自然不大宽绰。

然而，鲁迅到教育部以后，收入一下子涨出数倍。

查《鲁迅日记》可知，1912 年 7 月 16 日载："晨收本月分津帖六十元。收初十日《民兴日报》一分。夜雨。"这是鲁迅到教育部上班以后，第一次记录收入。

然而，除了这些津贴费用外，当时，还会有一些额外的，比如去某某地方演讲的车马费。做了公务员之后，鲁迅买书的数量大增，不仅如此，日记里显示，16 日发工资，17 日便借出十元，说明鲁迅虽然为人节俭，却并不小气。鲁迅的日记和书信里常常有借钱给别人的经历。

学者陈明远，曾经写了一本关于文人收入的书，叫作《文化人的经济生活》，他详细地列举了鲁迅在教育部期间的收入，如下：

1912 年 5 月至 7 月，每月津贴六十银洋；8 月至 9 月，每月"半俸"一百二十五银洋；10 月后定薪俸二百二十银洋；

1913 年 2 月后薪俸二百四十银洋，12 月后仅有九成即二百一十六银洋；

1914 年 8 月薪俸增为二百八十银洋；

1916 年 3 月后增为三百银洋。

1924 年 1 月（民国十三年一月）重缮之《社会教育司职员表》载有周树人应得四等三级"年功加俸"（每年加薪）三百六十银洋。但是 1920 年代以后教育部经常拖欠，实发三分之二即平均月付二百银洋左右。

鲁迅日记是离开浙江往北京教育部的路上开始记的。在目前存留的日记里,鲁迅购书的目录很是浩荡。鲁迅是一个热爱整理目录的人,每一个月都会将自己所购的书目列好清单。有研究者清点过鲁迅一生的藏书,从 1912 年 5 月到 1936 年 10 月 17 日(即他逝世前两天),这 20 多年的时间里,他先后花费了 10913.65 大洋(大约折合现在的人民币 960000 元),购买了 14000 多册图书。他每年花在购买书籍上的钱,占他年收入的五分之一。

有充裕的钱来买书,对于鲁迅来说,是一件非常惬意的事情。

1912 年 8 月 22 日,鲁迅在日记里写道:"晨见教育部任命名氏,余为佥事。上午寄蔡国青信。晚钱稻孙来,同季市饮于广和居,每人均出资一元。归时见月色甚美,骤游于街。"

这一年 11 月初,鲁迅又得到关于社会教育司第一科科长的任命,那一天,他跑到琉璃厂大购其书,以示释放开心。我录一下日记:"上午得袁总统委任状。下午赴留黎厂购《秋记小影册子》一册,四角;《眉庵集》二册,八角;《济南田氏丛书》二十八册,四元;《说文释例》十册,三元;《郘亭诗钞》并《遗诗》二册,一元。又购粗本《雅雨堂丛书》一部二十八册,四元。晚钱稻孙来。收二十七、二十八日《民兴日报》各一分。"可以粗算一下,这一天,他一下购买了十三元的图书。而这相当于他在两级师范学校三分之一的工资还要多。

所以,一份稳定的收入,对于热爱购书的鲁迅来说,实在是一件幸事。

在我们的旧传统里,文人多清高,耻于谈论钱,而鲁迅却不,你看他在女师大做的那个著名的演讲,多好啊:"梦是好的;否则,钱是要紧的。钱这个字很难听,或者要被高尚的君子们所非笑,但我总觉得……钱,——高雅的说罢,就是经济,是最要紧的了。自由固不是钱所能买到的,但能够为钱所卖掉……为准备不做傀儡起见,在目下的社会里,经济权就见得最要紧了。"

是啊,经济对于鲁迅的要紧,不仅仅在于他的买书,还在于,他的家食。除了绍兴的花费,还有远在日本的周作人岳父母的家用,鲁迅也负担了不少。比如1912年9月3日,鲁迅刚拿到工资不久,便寄了20元给日本羽太家。

除了接济周作人以外,还有一些公益的捐助,北通州兵祸、贫儿院、共和女学校、水灾,甚至连第一次世界大战,鲁迅都捐了钱。

但不论如何,教育公务员的生活,对鲁迅的一生转变重大,接下来在北大和女师大讲课,以及发表白话小说走上文坛,都得益于在北京教育部的这几年旁观。

1917 年 1 月 26 日，京师图书馆开馆纪念合影于北京。二排左起第五人为鲁迅

十六　方家胡同的京师图书馆

1907 年,张之洞调任军机大臣,他将浙江和江苏的一些私人藏书较多的书斋的善本均购买了下来,筹建京师图书馆。要建国家的图书馆,地方上自然是支持的,比如江苏常熟的一个姓瞿的藏书楼,便将自己家所有的藏书抄了副本,而将原本献给了国家。

到了宣统元年,即 1909 年 9 月初,张之洞所辖的学部上了一个关于《筹建京师图书馆折》,9 月 9 日被奏准兴建京师图书馆。清政府任命缪荃孙为监督,徐坊为副监督,杨熊祥为提调,设馆于什刹海广化寺。经过修饰,1910 年,京师图书馆整饬完毕,这便是北京图书馆前身。京师图书馆初建时,所藏图书取自国子监南学和内阁大库,包括明代皇家图书馆文渊阁藏书和南宋辑熙殿珍本,还采进敦煌石室所藏唐人写经本八千卷以及一些著名私家藏书,总计不到十万册。

辛亥革命后,中华民国建立,从南京到北京,绍兴人蔡元培两次被任命为教育总长。蔡元培于 1912 年 5 月任命江瀚为京师图书馆馆长,馆址仍为广化寺。8 月 27 日,京师图书馆正式开馆,开始接待读者。

查《鲁迅日记》可知,8 月 22 日,鲁迅刚接到教育佥事的任命书。这期间,他正主持设计中华民国的国徽。直到 1913 年,京师图书馆馆长江瀚升迁到一个肥差,四川盐运使。于是,馆长一职由教育部社会教育司司长夏曾佑兼任。既然鲁迅是第一科科长,那么自然而然地,关于图书馆的诸多事宜要由他亲自督办了。查《鲁迅日记》便可知,1913 年 2 月 17 日,鲁迅写道:"午后同沈商耆赴图书馆访江叔海问交代日期。"江叔海自然是江瀚,要去四川发财的仁兄。接下来的日记还有,3 月 6 日,鲁迅写道:"下午同沈商耆往夏司长家。"3 月 7 日,鲁迅又写道:"午后同沈商耆赴图书馆访江叔海,问交代日期。"

这便是图书馆交接的过程。

京师图书馆地址颇为偏僻,而且房屋也颇旧。阴雨天气,甚至部分房屋还漏水,自然不适合那些珍本的图书存放,鲁迅有一次下雨天往图书馆去,十分不方便。于是建议图书馆搬迁。

《鲁迅日记》1913 年 4 月 1 日记:"晴。午后同夏司长、齐寿山、戴芦舲赴前青厂观图书分馆新赁房屋。"在此后的一年多时间中,仅《鲁迅日记》中记载,他莅临分馆即达十二次之多,差不多一月一次。

后来,经教育部批准,在另觅新馆址的同时,设分馆于宣武门外前青厂,1914 年分馆迁至前青厂西口永光寺街。10 月,京师图书馆停止阅览,暂时由广化寺移至国子监。1915 年,确定以安定门内方家胡同国子监南学旧址为京师图书馆。1917 年 1 月 26 日,京师图书馆在方家胡同重新开放,鲁迅与教育部部分同人出席了开馆活动并留影纪念。此时的京师图书馆已粗具近代图书馆的规模。

京师图书馆的分馆开馆之后,鲁迅并不满足,他认为通俗教育能开启民智,又与社会教育司二科通力合作,指导创办了京师通俗图书馆。鲁迅特别指出,通俗教育以启发一般人民普通必需之知识为主,故通俗图书馆之设,实关紧要,其中所采集的图书要以人民所必需且易晓者为宜。1913 年 10 月 21 日京师通俗图书馆在抄手胡同开馆,鲁迅参加了开馆庆典。当天的《鲁迅日记》中记载:"午后,通俗图书馆开馆,赴之。"

主管图书馆和美术馆的鲁迅先生,在京师图书馆开馆之初,还真是做了不少的工作。1912 年秋天,鲁迅便以教育部的名义咨调各省官书局所刻书籍入藏京师图书馆。1913 年,鲁迅将一部铜活字版大型类书《古今图书集成》拨予京师图书馆。1916 年 4 月,教育部社会教育司通过政事堂取得内政部同意,明文规定,凡经内务部立案的出版物均须分送京师图书馆一份存档。这一点像极了现在国家版本图书馆,同时,这也标志着京师图书馆开始履行国家图书馆的重要职能,不论任何类别的印刷出版物,必须到京师图书馆存档一份,以备阅读者查看。同年,鲁迅又为京师图书馆征取各省区最新修刊的志书,征求各种著名碑碣石刻拓本。《永乐大典》(残本)和文津阁《四库全书》也是经鲁迅据理力争,于 1915 年移藏京师图书馆的。

1914 年初,热河避暑山庄所藏文津阁《四库全书》运抵北京,鲁迅赶赴北大接洽联系,却不料此书为内务部截留。经过多方交涉,1915 年 9 月 1 日,鲁迅"同戴芦舲往内务部协议移交《四库全书》办法"。10 月 12 日,移《四库全书》入京师图书馆告成。然而,《藏书简明目录》却被内务部给扣下了，仍"发古物陈列所保存"。这可真麻烦，没有了索引，这就意味着要查阅《四库全书》，那么对不起，你要先去古物陈列所（相当于现在的博物馆）一趟，查过书目后才到图书馆按图索骥。

1915 年 7 月，教育部决定将京师图书馆迁至位于安定门内方家胡同的国子监南学。正是因为图书馆的新址落定，并马上要建好的缘故吧，鲁迅才开始去内务部交涉《四库全书》的事情。8 月 30 日，教育部给鲁迅开具了一个前去内务部索要典籍的介绍信，内容如下："兹派佥事周树人、主事戴克让于 9 月 1 日午后 2 时前赴贵部商定一切手续，即希查照为荷。"

这一下方办妥此事。

1916 年，鲁迅的上司夏曾佑调任京师图书馆馆长，1917 年 1 月 26 日，鲁迅被邀请参加京师图书馆开馆式。他在日记里写道："上午赴京师图书馆开馆式。"

方家胡同的国家图书馆对读者开放达十一年之久，1928 年，民国政府定都南京，北京改称北平，馆舍更名国立北平图书馆，再次搬迁至中南海居仁堂。居仁堂原名海晏堂，是慈禧时仿长春园中海晏堂所建，是一组仿西洋楼式的建筑群，专为接待宴请外国女宾之用。辛亥革命后，袁世凯将其改名居仁堂，并在殿内接受百官朝贺，做登基准备。后冯国璋、曹锟等执政时都曾在此居住办公。1928 年后，中南海改为公园，对公众开放，居仁堂成为图书馆的新馆址。1929 年 1 月 10 日举行新馆开馆典礼。

鲁迅作品

十七 《狂人日记》发表前后

许寿裳写回忆录,写到当时他第一次读到《狂人日记》时的情形:"……觉得这很像周豫才的手笔,而署名却姓鲁,天下岂有第二个豫才乎？于是写信去问他,果然回信来说确是'拙作',而且那同一册里有署名唐俟的新诗也是他做的。到了九年(民国九年)的年底,我们见面谈到这事,他说:'因为《新青年》编辑者不愿意有别号一般的署名,我从前用过迅行的别号是你所知道的,所以临时命名如此。理由是一,母亲姓鲁。二,周鲁是同姓之国。三取愚鲁而迅速之意。'"

这是鲁迅第一次解释自己笔名的由来。关于鲁迅创作小说,自然要提到钱玄同。鲁迅在《〈呐喊〉自序》里,也写到他写作小说的由来:

S会馆里有三间屋,相传是往昔曾在院子里的槐树上缢死过一个女人的,现在槐树已经高不可攀了,而这屋还没有人住；许多年,我便寓在这屋里钞古碑。客中少有人来，古碑中也遇不到什么问题和主义，而我的生命却居然暗暗的消去了，这也就是我惟一的愿望。夏夜，蚊子多了，便摇着蒲扇坐在槐树下，从密叶缝里看那一点一点的青天，晚出的槐蚕又每每冰冷的落在头颈上。

那时偶或来谈的是一个老朋友金心异，将手提的大皮夹放在破桌上，脱下长衫，对面坐下了，因为怕狗，似乎心房还在怦怦的跳动。

"你钞了这些有什么用?"有一夜，他翻着我那古碑的钞本，发了研究的质问了。

"没有什么用。"

"那么，你钞他是什么意思呢?"

"没有什么意思。"

"我想，你可以做点文章……"

我懂得他的意思了，他们正办《新青年》，然而那时仿佛不特没有人来赞同，并且也还没有人来反对，我想，他们许是感到寂寞了，但是说："假如一间铁屋子，是绝无窗户而万难破毁的，里面有许多熟睡的人们，不久都要闷死了，然而是从昏睡入死灭，并不感到就死的悲哀。现在你大嚷起来，惊起了较为清醒的几个人，使这不幸的少数者来受无可挽救的临终的苦楚，你倒以为对得起他们么?"

"然而几个人既然起来，你不能说决没有毁坏这铁屋的希望。"是的，我虽然自有我的确信，然而说到希望，却是不能抹杀的，因为希望是在于将来，决不能以我之必无的证明，来折服了他之所谓可有，于是我终于答应他也做文章了，这便是最初的一篇《狂人日记》。

这段文字里的 S 会馆便是绍兴会馆的藤花馆。藤花馆是一个四合院，原有三间正房，东西各三间厢房，东边有座藤花池。鲁迅呢，便住在藤花馆的西屋，后移居至朝南的两间小北屋。藤花馆的居住环境十分恶劣，鲁迅在日记里用简洁的字句渲染过，比如床板缝里臭虫成群，又比如邻居半夜经常喧哗，有时甚至聚众赌博，吵得鲁迅彻夜不眠。1916 年 5 月 6 日，大约是为了寻些清静，好安心读佛经，鲁迅移入绍兴会馆西边一个院落里的补树书屋。补树书屋是一排朝东的正房，靠着房子还有一棵大槐树，这棵槐树因了鲁迅先生的文字，也颇有名，据传说，曾有一个女人吊死在槐树上，所以那房子便显得鬼气十足，一直空着。鲁迅上过解剖课，自然不怕这虚在文字里的鬼魂，恰好，这空荡潮湿的空气，营造出一股寂寞，暗合了当时鲁迅的心境。

补树书屋朝东的四间房，南首是一间已经收拾好了的住房，北首两间相连，门开在第二间房的中间。1917 年以前，鲁迅一直住在南首这间房里，1917 年搬到靠北的一间房里，中间那一间稍作改修，做了食堂间。由于绍兴会馆并没有请厨师，不供应餐食。而所供职的教育部的食堂又老是一棵白菜吃上半月，极其单调，于是鲁迅的饮食基本上是游击状，今天广和居，明天小排档，很是随意。

鲁迅住在补树书屋期间，开始整理一些古碑帖，抄录一些古籍。这一段时间，钱玄同经常到他这里闲坐一下，据《鲁迅日记》的记录，有一百多次，有时一月达七次之多。

而当时的中国社会政治反复而曲折，却从无有好转的迹象。先是 1913 年袁世凯派人在上海刺杀了宋教仁,这导致孙中山发动了二次革命。然而,很快袁世凯击败了革命军,当上了大总统。1914 年袁世凯准备复辟帝制,这一年 9 月,鲁迅的母亲六十岁寿辰,沉浸在读佛经里的鲁迅,资助了六十元刻印《百喻经》。

1915 年,鲁迅由佛经开始转向一些画像和古旧的拓本、瓦当文等。1916 年,搬入补树书屋之后,鲁迅开始抄录收集到的古碑帖。

而这个时间,外面的世界丰富却并不晴朗,开始张勋复辟,第一次世界大战已经打响,陈独秀创办的一份青年杂志,在 1916 年 9 月改名字叫作《新青年》。当时,北大年轻的教授胡适在《新青年》杂志上发表《与陈独秀书》,提出文学改良的八项主张,接着,陈独秀又发表《文学革命论》,再然后,鲁迅的弟弟周作人成为《新青年》杂志的撰稿人。

1917 年 7 月,张勋复辟,并要求全体中国人都要重新留辫子。大约是此时,鲁迅看不上政府的三天打鱼两天晒网,辞职过,后来,复辟的风潮过去了,才又复职。

1918 年 4 月,鲁迅完成了自己的第一篇白话文小说《狂人日记》,给了钱玄同。出乎他意料的是,这一篇白话小说竟然成为中国文学史上第一篇白话小说。

此后,在不到一年的时间里,鲁迅为《新青年》杂志写随感 21 篇、论文 1 篇、小说 3 篇、诗歌 6 首。直到 1923 年,鲁迅发表的小说结集为《呐喊》出版。

大约在 1999 年夏天的时候,由香港《亚洲周刊》编辑部牵头,请了大陆、台湾、香港以及海外的 14 名中文学者,对民国以来的中文小说做了一个排行榜。排名第一的,便是鲁迅先生的《呐喊》,接下来的四名分别是沈从文的《边城》，老舍的《骆驼祥子》，张爱玲的《传奇》，钱锺书的《围城》。

一百部中文小说，鲁迅先生的小说排名第一，除了时代的记忆，艺术的高度，恐怕更多的，是先生在一个黑暗的时代用笔划破的那道裂纹，发出的那个急切的声音。

1922年,鲁迅(后排左一)与周作人(前排左一)、爱罗先珂(后排左三)等合影

十八　　关于盲诗人爱罗先珂的一场争吵

鲁迅曾向人讲爱罗先珂的故事，讲得很生动：

爱罗先珂因为是诗人，所以他特别敏感，记得第二次到中国来时，北京大学请他来教书。据爱罗先珂讲，中国人与日本人是有很大的不同，那不同处，是日本人对于事理的呆板与冷酷。而中国人却洋溢着很厚的人情味。其证据是：当他——爱罗先珂——在日本登岸时，遭受了日本官厅的拒绝。因此，日本警察对爱罗先珂不特搜索了他的身体与行囊，还给了他难堪的侮辱，他在中国虽也遭警察的检查，但警察却对他一点没有横暴的行为。而警察自己，还在一旁咕噜着：他是个瞎子啊，我们也太那个了。因此，爱罗先珂断定，中国人只要觉醒起来，很容易得到助力，因为中国人能以同情给人。至于日本，那只有到处碰钉子。因为日本人眼中，已没有别的人类存在了。这是爱罗先珂思想上的敏感。爱罗先珂又因为是盲人，他的身体上的感觉，也发达的厉害。天要雨了，天要晴了，他是常常预先知道，要是有人找过他一次，第二次如再去找他，不论换个什么地方，或换个什么时候，他一听脚步声音，就晓得是某人来了。不必等那人讲话或报名出来，甚至有时他听生人的脚步声，也能断定，来者是怎样性格的人。

爱罗先珂还特别害怕女人，有一次他到北京女师大讲演，完了以后，学校给他备了好吃的点心，他却坐得笔直，因为有女人在现场说话，他一动也不敢动。鲁迅问他："今天这里预备的点心，都是你平素非常喜欢吃的，为什么今天一样都不动呢？"爱罗先珂竟答："那里不是有女人吗？"

是啊，不独怕女人。爱罗先珂一直独身，在日本的时候，喜欢上过一个寡妇，写过一阵子诗歌给人家，可是见了面，却不敢说一句话。所以，故事的结局自然是悲伤的了。

鲁迅向荆有麟说到爱罗先珂时，曾经猜测他是一个处男。说他每回来中国，住过几个月之后，便喊寂寞呀寂寞呀，好似住在沙漠里似的，这回非回去不可了。可是说完以后不是在中国便是留在日本，却并不回俄国。

有一次无意中读到冰心的一篇回忆文字，写她的大学时代，有一段文字提到了鲁迅先生和爱罗先珂："这时我在燕大女校'学生自治'里，任务也多得很！自治会里有许多委员会——甚至有伙食委员会！因为我没有住校，自然不会叫我参加，但是其他的委员会，我就都被派上了！那时我们最热心的就是做社会福利工作，而每兴办一项福利工作，都得'自治会'自己筹款。最方便而容易的，就是演戏卖票！我记得我们演过许多'莎士比亚'的戏，如《威尼斯商人》《第十二夜》等等，那时我们英文班里正读着'莎士比亚'，美国女教师们都十分热心地帮助我们排练，设计服装、道具等等，我们演得也很认真卖力，记得有一次鲁迅先生和俄国盲诗人爱罗先珂来看过我们的戏——忘了是哪一出——鲁迅先生写过文章说爱罗先珂先生说我们演的比当时北京大学的某一出戏好得多。因此他和北大同学还引起了一番争论，北大同学说爱罗先珂先生是个盲人，怎能'看'出戏的好坏？我和鲁迅先生只谈过一次话，还是很短的，因为我负责请名人演讲，我记得请过鲁迅先生、胡适先生，还有吴贻芳先生……我主持演讲会，向听众同学介绍了主讲人以后，就只坐在讲台下听讲了——我和鲁迅先生的接触，就这么一次，我也不知道鲁迅先生是从哪一位同学手里买到戏票的。"

　　冰心的回忆所提到的鲁迅和北大同学的一番争论，这里的争论便是指鲁迅和魏建功的争论。

　　在 1922 年年底的时候，北大建校二十四周年纪念，学生团体北大戏剧实验社演出了托尔斯泰的名作《黑暗之势力》。当时俄国著名诗人爱罗先珂被日本驱逐来到中国，蔡元培聘请他到北京大学教授世界语课程。是日晚，他和鲁迅一起观看了这场演出。然而，看完以后，诗人很是不满意，于 12 月 29 日写了一篇评论，后经鲁迅翻译发表在 1923 年 1 月 6 日的《晨报副镌》。这篇文字写得十分刻薄。因为对中国传统文化的不了解，爱罗先珂像是将所有对中国的疑惑都在这篇文字里发泄了一番似的，他很看不惯在舞台上男扮女装的奇怪现象。他以为,中国是一个男权社会,一个男人可以娶三妻四妾,人们以为再正常不过,可是女人却不能和男人同台演出。没有女人上台,所以,只能让男人来演女人,显得男不男女不女,不伦不类。

当时的北大戏剧社的骨干魏建功二十二岁,恰好因为模样清秀而时常在剧里扮演女角,所以,当他读到爱罗先珂的文字时不禁大为恼火。他以为,爱罗先珂先生是一个盲人,你如何能"看"得懂舞台上的美好。恰好,当时他识得《晨报副镌》的编辑孙伏园,急匆匆地写了一篇长文,反驳爱罗先珂的观点。这篇《不敢"盲"从!》发表在1月13日的《晨报副镌》上。因为文章是鲁迅先生翻译的,所以,魏建功在文章里还专门挑衅了鲁迅,感谢鲁迅先生的"美意"。在魏建功的手稿里,"美意"两个字是加了引号的。而且标题中的"盲"字也是加了引号的。在全文发表的时候,编辑孙伏园没有删除(冯雪峰主编《鲁迅全集》时,删去了引号),还在文章的后面加了一段编者的按语:"题目中的一个字,和文中有几个字上的引号,颇表出了不大好的态度,编者为尊重原作起见不敢妄改,特此道歉。"

现在再来翻开这篇文字,发现,当年二十二岁的魏建功非常克制,文字虽有股子论辩的力气,但只是因为他在文章里说到爱罗先珂是"以耳代目"看,而且在近五百字的内容里反复纠缠爱罗先珂的耳朵和眼睛,这引起了鲁迅的反感。

看到魏建功文章的当天,鲁迅便写了一篇文章来回应魏建功的指责,文章的标题叫作《看了魏建功君的〈不敢盲从〉以后的几句声明》。文章第一段便表明意思:"在副刊上登载了爱罗先珂君的观剧记以后,就有朋友告诉我,说很有人疑心这一篇是我做的,至少也有我的意见夹杂在内:因为常用'观''看'等字样,是作者所做不到的。现在我特地声明,这篇不但并非我做,而且毫无我的意见夹杂在内,作者在他的别的著作上,常用色彩明暗等等形容词,和能见的无别,则用些'观''看'之类的动词,本也不足为奇。他虽然是外国的盲人,听不懂,看不见,但我自己也还不肯利用了他的不幸的缺点,来做嫁祸于他的得罪'大学生诸君'的文章。"

　　魏建功的文章发表以后,还引起了其他社会人士的反应。作为知名的《晨报副镌》编辑孙伏园,自然不会放过话题碰撞的机会。鲁迅先生的文章发表以后,1 月 16 日的《晨报副镌》上还刊载了一篇学生的继续反驳爱罗先珂的文字,还有以周作人为代表的社会各界的反应。

　　名字叫作李开先的北大学生,是爱罗先珂批评的剧组的成员之一。他的文章的标题叫作《读爱罗先珂先生〈观北京大学学生演剧和燕京女校学生演剧的记〉的感想》。相比较魏建功的尖锐的观点表达,这一篇文字更像一封带有自我辩解性质的感谢信。所以,这篇文字并未引起接下来的争论。倒是同一天的报纸上,周作人的一段话非常结实地回敬了魏建功的剑走偏锋的讽刺,录下来看:"读了魏建功先生的《不敢"盲"从!》,心里不很舒服,因为这篇文章的态度实在不大好。爱罗先珂先生是个盲人,大家都是知道的。他的议论无论如何不对,尽可自由地反驳,何必拉到他的残疾上面去。我不能断定这《不敢"盲"从!》的题目里已经含有刻薄的意思,但是文中许多用引号标明的看字却已确实地证明是在嘲弄他的眼瞎这一件事了。我不愿意因了这一点事便牵涉作文者的人格上去,但我可以宣言这篇文章的'文格'确已完全没有了。'学优伶'还未必与人格有关，做出这样的无文格的文章来到是很可惜的事，更值得辩明哩。"

为了表达自己的观点，在第二天即1923年1月17日副刊上，周作人还特地撰写了一篇题为《爱罗先珂君的失明》的文章，来介绍爱罗先珂的身体和生活以及精神状况，可谓用心良苦。周作人写文章善用典故，在这篇文字的结尾处，他特地引用了日本小说家菊池宽的一个小说的情节，来表达自己的观点："我希望大家对于爱罗君一方面不要崇拜他为超人的英雄，一方面不要加以人身的攻击。"

好在这件事情并未再继续恶化下去。鲁迅很快就知道了，这个在报纸上被自己的文字吐了一脸唾沫的学生竟然就坐在自己教室的第一排。

当时的魏建功是北京大学中文系二年级的学生，那一学期他选修了鲁迅的《中国小说史》课程。鲁迅当时已经是在北京大学代课的第三个学期。上课的地点就在沙滩红楼西北角四楼或者三楼上，时间为每周二的三四节课。当时鲁迅因发表小说《狂人日记》《孔乙己》和《阿Q正传》出名，前来旁听他讲课的除了北大的学生，常常还会有一帮社会生，比如后来和鲁迅长期合作的李小峰、孙伏园等。

魏建功在《忆鲁迅先生》一文里详细说了他和鲁迅以后的交往。在文字论战过后，魏建功照旧每堂课均去听讲座，一节不落，后来，在同学台静农、孙伏园等人的推荐下，在争吵的当月下旬便结识了鲁迅："由于伏园、维钧，尤其是台静农等几方面朋友的关系，我跟先生慢慢地更接近起来。按照先生收集杂文的时序，这篇文章（鲁迅批评魏建功的文章）该收在《热风》或《集外集》里，但是一直到一九四六年十月唐弢同志编《全集补遗》才收录了。唐弢同志的'编后记'说：我看这两篇是先生故意删去的，理由是'暂时的误解'。"

是的，这篇文章，在《鲁迅全集》出版之前，一直是没有收录在任何鲁迅的杂文集里的。

魏建功大学毕业以后，颇有建树，1925年，他曾与人创办黎明中学，当时尚未到厦门大学去的鲁迅先生正在和许广平写《两地书》的开始部分。可是当魏建功邀请鲁迅去他们学校代课的时候，鲁迅"没有犹豫，满口应允"。所以，后来，定居上海之后，鲁迅有一年去北京做演讲，给许广平写信，在《两地书》中有记录他与魏建功的交往："晚上来了两个人，一个是忙于翻检电码之静农，一个是帮我校过《唐宋传奇集》之建功，同吃晚饭，谈得很为畅快，和上午之纵谈于西山，都是近来快事。"

甚至到了1934年，鲁迅与郑振铎合编《北平笺谱》时，一向对书法颇有鉴赏的鲁迅突然想到让魏建功帮助他来抄录序文，也说明两人的情谊一直不坏。

可见，鲁迅一向一个也不宽恕的名言也并不是全都属实，这不，魏建功就是一个由开始对骂，到最后成为朋友的例子。

1922 年许广平在北京女子师范大学国文系就读，任学生自治会总干事

十九　　恋爱中的鲁迅

一个小学生谨慎地问询：烟雾弥漫的理想啊，灰尘覆盖的前程啊，黑夜吞食的寂寞和无助啊，坎坷的道路啊，暗淡的人生啊。真让人苦闷，这苦闷比爱人还来得亲密，先生，可有什么法子能在苦药中加点糖分？

这是许广平的第一封信。当时，许广平和许羡苏交情颇好，而许羡苏呢，经常出入鲁迅所住的西三条胡同。偶尔会给许广平带来一些秘密的消息。惹得许广平极为嫉妒，不知是出于什么原因。她写了这样一封信，信里面的措辞极为柔软，撒娇还伴随着捂着嘴笑的羞涩，明智者如鲁迅，一看便知，这是一个暗地里欢喜自己的人。

心理医生，于鲁迅，倒还是一个具有挑战性的工作。之前没有做过，之后，也很少做。但还是硬着头皮做了起来。安慰别人，最好的办法是丑化自己，自己越是窘迫，越显得对方所遇的困难巨大,对方的不安是正常的反应。这样,以铺衬的方式,鲁迅开始了幽默的话语自虐。

他的大意是,人生的长路,最大的两个困难,一是歧途,一是穷途。若是到岔路口,遇到让人迷茫的歧途,他是不会学习墨子兄,大声哭着回家的。他的做法独特:"但我不哭也不返,先在歧路头坐下,歇一会,或者睡一觉,于是选一条似乎可走的路再走,倘遇见老实人,也许夺他食物来充饥,但是不问路,因为我料定他并不知道的。若是遇见老虎,我就爬上树去,等它饿得走去了再下来,倘它不走,我就自己饿死在树上,而且先得用带子缚住,连死尸也决不给它吃。但倘若没有树呢?那么,没有法子,只好请它吃了,但也不忍也咬它一口。"

这真不是一个好的心理医生,最终的结局,还是没有法子。

在此之前,他的学生,《晨报副镌》的编辑孙伏园,曾经就"关于爱情的定则"一题求助于他参加讨论。他的答复也是如此,不过是爬上一棵树,看看老虎走不走的态度。每一次看到他给许广平的第一封复信,我都由衷地为先生"不装导师"的精神感动。要知道,1925 年,《呐喊》一纸风行,他已经是万人的偶像,不独有他的学生。在郁达夫的笔下,就连北京大学的部分知名的教授,也都是他的崇拜者。这个时候,他清醒得很。

他的清醒,还包括当时有部分人对他的批评。他对现实的不满坦露于文字,让很多人惊慌,认为他毒性颇大,过于放大黑暗。这一点,在 1924 年致李秉中的信里表达得非常充分。李秉中是何许人,是一个年轻的学生,大约受了鲁迅文字的影响,便和许广平一样,写信向鲁迅先生问计,大约也是黑暗和迷茫该如何度过之类的话题。好在,他的文字里没有许广平那股小女人撒娇的气息,让先生看到了年轻时的自己,所以,在复信里,鲁迅这样写道:"我自己总觉得我的灵魂里有毒气和鬼气,我极憎恶他,想除去他,而不能。我虽然竭力遮蔽着,总还恐怕传染给别人,我之所以对于和我往来较多的人有时不免觉得悲哀者以此。然而这些话并非要拒绝你来访问我,不过忽然想到这里,写到这里,随便说说而已,你如果觉得并不如此,或者虽如此而甘心传染,或不怕传染,或自信不至于被传染,那可以只管来,而且敲门也不必如此小心。"

李秉中向鲁迅先生借钱,二十元,鲁迅说,如果还需要的话,下周我还可以再帮你弄一些。那时,两个人只通了一封信。为了帮助李秉中,鲁迅一而二、二而三地给胡适写信,催促胡适能帮助李秉中看看稿子,并在信里反复说明,该学生很穷,等着书稿换钱。

物质上的帮助,并没有解决李秉中心里的苦闷,李秉中便南下,参了军,后来又到日本留学。许广平正是在这个时候,挂号请求鲁迅给她开处方治疗内疾的。

已经满身毒气的鲁迅正在和现代派的陈西滢笔战,那个年代的文人关系复杂。陈西滢与林语堂、徐志摩、丁西林等人同在胡适任主任的北大英文系教书,而鲁迅也在北大国文系代课。好玩的是,林语堂虽然是陈西滢的同事,却又是《语丝》的编辑。《语丝》自然是鲁迅、周作人、林语堂等人的阵地。胡适与陈西滢被称为"现代派"或者"新月派",也和他们的杂志有关。

所以，当许广平小心翼翼地求诊于鲁迅，关于苦闷的滋味如何能有甜味时，鲁迅的答复妙趣横生："对于社会的战斗，我是并不挺身而出的，我不劝别人牺牲什么之类者就为此。欧战的时候，最重'壕堑战'，战士伏在壕中，有时吸烟，也唱歌，打纸牌，喝酒，也在壕内开美术展览会，但有时忽向敌人开他几枪。中国多暗箭，挺身而出的勇士容易丧命，这种战法是必要的罢。……我自己对于苦闷的办法，是专与袭来的苦痛捣乱，将无赖手段当作胜利，硬唱凯歌，算是乐趣，这或者就是糖罢。但临末也还是归结到'没有法子'，这真是没有法子。"

好在，许广平并没有像那只饥饿的老虎一样，在那棵树下耐心等着。所以，鲁迅先生很快就从树上下来了。属于他们热烈而暧昧的 1925 年即将来临。

一个蹩脚的心理医生，治不好病人，却可以将病人引到爱情的道路上来，忘记那苦闷的病痛，这大概，是人世间最好的药方了吧。

1925 年 4 月 22 日夜，鲁迅复许广平一封长信。开头便介绍了《莽原》杂志是如何开始的："几天以来，真所谓忙得不堪，除些琐事以外，就是那可笑的'□□周刊'。这一件事，本来还不过一种计划，不料有一个学生对邵飘萍一说，他就登出广告来，并且写得那么夸大可笑。第二天我就代拟了一个别的广告，硬令登载，又不许改动，不料他却又加上了几句无聊的案语。做事情遇着隔膜者，真是连小事情也碰头。至于我这一面，则除百来行稿子以外，什么也没有，但既然受了广告的鞭子的强迫，也不能不跑了，于是催人去做，自己也做，直到此刻，这才勉强凑成，而今天就是交稿的日子。统看全稿，实在不见得高明，你不要那么热望，过于热望，要更失望的。"

《莽原》的名字也是和《语丝》所取的方式相同，"语丝"的名字是如何来的呢，据林语堂的一篇回忆文章说，是周作人和钱玄同翻字典，随便翻出一页来，看到的第一个字，组合到一起，便是刊名。不知道"莽原"是否也有如此传奇的出身。但鲁迅的解释是好玩的：近于旷野。旷野有很多种意象可以联想：荒芜、开阔、寂寞、灿烂，是矛盾又复杂的混合体。更有趣味的，第一期的《莽原》杂志的封面上，"莽原"二字是一个八岁的孩子写的，那稚拙的字比喻着一个新生的芽苗，实在是有大前景。

第一期《莽原》里，除了鲁迅的作品，还有高长虹和向培良的作品，这两个人均受鲁迅的影响，风格很是接近。然而，许广平一眼就看出署名"冥昭"的作品是鲁迅先生的。高长虹的《棉袍里的世界》也有些先生的作风在内。这判断是对的，正是由于这一篇文章，许广平对高长虹有了些好感，甚至，在后来的交往中，还给高长虹写过信，购买过高长虹的第一本诗集。总之，许广平这一次的好感，成了后来高长虹跑到上海辱骂鲁迅的导火线。

第二期的《莽原》杂志，许广平投寄了一稿，但没有署名，所以鲁迅在复信中写道："来信收到了。今天又收到一封文稿，拜读过了，后三段是好的，首一段累坠（赘）一点，所以看纸面如何，也许将这一段删去。但第二期上已经来不及登，因为不知'小鬼'何意，竟不署作者名字。所以，请你捏造一个，并且通知我，并且必须于下星期三上午以前通知，并且回信中不准说'请先生随便写上一个可也'之类的油滑话。"

怎么样，读到此处，亲昵感丛生，二人的师生关系已经有了更多的暧昧气息。

如果说《莽原》杂志的创办给鲁迅与许广平在教室以外提供了一个心灵上交换眼神的阵地的话,那么,女师大事件则为二人提供了一个私奔的机会。

1925 年 5 月 7 日,女师大校长杨荫榆在学校里布置了一个讲演会,请校外所谓名人来演讲以壮她个人的声势。然而,当她主持会议时,学生们在台下集体反对,让她下台。两天后,她以"女师大评议会"的名义,开除了学生自治会的成员,六个人分别是:蒲振声、张平江、郑德音、刘和珍、许广平、姜伯谛。公告出来的当天,许广平在宿舍里看刚刚出版的第三期《莽原》杂志,她自己的笔名和她当时的心情非常接近。她的笔名是"非心",而这两个字组合在一起,便是个"悲"字。

那天晚上,她执笔给鲁迅写信,最后一句,这样写道:"给我喝一杯冰激凌罢。"

到底是关切到"许广平"这样一个熟识的人的命运,鲁迅纠集了周作人、马幼渔、沈尹默、李泰棻、钱玄同、沈兼士等"语丝派"同仁,在 1925 年 5 月 27 日的《京报》上发表了《对于北京女子师范大学风潮宣言》,这份宣言是鲁迅手拟而后大家签名的。

许广平看到报纸以后,当天晚上非常感动,给鲁迅写了长长的信,不仅补充说明了她的过往,因为鲁迅起草的宣言而"红红的燃烧起来的"许广平,在信里对鲁迅说了两则关于爱惜身体的做法:1.戒多饮酒;2.请少吸烟。

至此,两个人交流的内容除了空泛的理想和精神,终于落了地,终于成了饮食男女，开始关心对方的身体及健康，开始担心对方的咳嗽声及疾病。

是年 5 月 30 日，鲁迅回信，已经和现代评论派的陈西滢笔战了。这一天的《现代评论》上，陈西滢发表《闲话》一文，暗指此次的风波乃是某籍教授暗中鼓动，而且这位某籍教授前有一个好听的定语："在北京教育界占最大势力的"。这一下指向了鲁迅，那么，只好开战。

鲁迅在信的末尾一句说道："待'闹潮'略有结束，你这一匹'害群之马'，多来发一点议论罢。"

小鬼许广平，终于有了第二个称谓——"害群之马"。在以后的许多信里，甚至包括二人结婚以后，鲁迅给母亲鲁瑞的信中，对许广平的称呼一直以此名字的缩写"害马"代替。

暗夜的 1925 年，两个年纪相差近二十岁的异性，因着这样一起风潮，慢慢地伸出了手，就差几封信的距离，两只手就要握在一起了。

二十　离京记

　　鲁迅在 1926 年 1 月 2 日的日记里写道:"晴。午后往山本医院,值其休息。往女师大维持会。"1 月 10 日记下:"星期。晴。上午国民新报馆送来上月编辑费卅(三十)。季市来。午后培良来。交与泉十为长虹旅费。下午往女师大校务维持会。晚半农至女师校来访,遂同至西吉庆夜饭,并邀季市。夜收《新性道德讨论集》一本,盖章雪箴寄赠。"1 月 13 日,日记又记道:"昙。上午赴女师大校长欢迎会。得季野信。夜静农来,交以《莽原》稿并印费六十。往女师大纪念会。得凤举信。"

　　这三段日记,分别出现了"校务维持会""女师大校长欢迎会"两个专指名词,这里面每一个名词都有故事,注释出来,便可以大体看清鲁迅这一年来的繁忙和执着。

　　鲁迅与北京女师大渊源颇深,因为许寿裳 1923 年出任女师大校长,甫一上任,便向鲁迅发了聘书,请他担任国文系小说史课程。1924年春节刚过,大抵是因为北洋政府想要杨荫榆做校长,逼迫许寿裳辞职。于是,杨荫榆做了女师大校长。杨荫榆虽然留学美国多年,回来后治学却复古之至,大抵和当年的两级师范学校的夏震武类似,想要尊孔,甚至到处去搜罗一些八股文章写得好的前清文人来校任教。这种教育方针,鲁迅自然不喜欢配合,1924年的8月13日,鲁迅将自己的聘书寄还给了女师大,决定辞职,不陪杨荫榆玩了。

然而,终于并没有辞掉,学生们自然不愿意,杨荫榆也一定是挽留了,日记里有杨荫榆拜访鲁迅的记录。

1925年3月11日,鲁迅接到许广平的一封信,那书信甚长,调皮又暗含爱慕,鲁迅一眼便看出了写信者的质地,当夜便回复。当时女师大的学生正在和校长杨荫榆斗法,而学生会的主要干部便有许广平。

1925年5月7日,在校内国耻纪念会上,学生会主席刘和珍带头将主席台上的杨荫榆逐下了讲台。这次活动并不是突然爆发,而是和去年冬天的"驱羊运动"连续。然而,强硬的杨荫榆随即做出反应,5月9日,杨荫榆贴出布告,宣布开除刘和珍、许广平等六名学生学籍,并勒令离校。正在和许广平恋爱的鲁迅,自然十分激动,当即,他起草了一个宣言:《对于北京女子师范大学风潮宣言》,并让钱玄同、沈尹默、周作人等七位先生在"宣言"上签了名。

接下来,杨荫榆动用军警,借口暑假要修理校舍,让大部分学生搬到校外。1925年7月30日,杨荫榆竟然在深夜时贴出公告,宣布解散女师大学生自治会,同时利用警察的干预,强行关闭了食堂和宿舍,连校门也锁了。

鲁迅在第二天便住进了女师大教务处，对抗杨荫榆，接下来，他又写了《流言和谎话》与《女校长的男女的梦》，用文字将杨荫榆的企图剥开。

由于学生和老师进行了坚持的对抗，北洋政府妥协，撤出军警，恢复供电。同时，杨荫榆辞职，调至教育部另任用。8月13日，女师大成立了校务维持委员会，由教员九人、学生十二人组成，负责校内外一切事务，鲁迅是校维持会的委员。

然而，相比较校务维持委员会，教育总长章士钊决定亲自兼任女师大的校长，宣布停办女师大，直接改组为国立北京女子大学。不止于此，章士钊和杨荫榆一样，相信武力可以解决学生的问题，打砸了学生自治会，收买鲁迅不成，诬鲁迅鼓动学潮，于8月12日直接呈段祺瑞政府罢免鲁迅教育佥事职务，第二天，段祺瑞政府便准了奏请。于是便有了鲁迅在教育部唯一的一次官司。8月22日，鲁迅至行政院对章士钊提出了诉讼。与此同时，教育部的许寿裳及齐寿山一起发表了《反对章士钊的宣言》，抗议北洋政府非法免去鲁迅教育部职务。后来官司赢了，1926年3月，鲁迅官复原职，这是一桩颇让人兴奋的民国案件。

1925年8月，被解散的女师大在报子街开办补习学校，鲁迅和其他三十余名教师接受了新的聘书，鲁迅还宣布义务教课。

这年年底，段祺瑞政府宣布女师大恢复。那么，1926年1月2日这一天，鲁迅去校务维持会所参加的会议内容，是确定新校长人选。当时参加会议的教授有许寿裳、鲁迅、陈启修、马幼渔等。在会上，大家一致提议由此次支持校维持会的教育维持会主席易培基任校长。1月10日，易培基任校长的提案被教育部通过，这天的会议内容主要是要解散校维持会。三天以后,由许寿裳主持,为易培基到校履职举行了欢迎大会。十分有趣的是,这次大会分别由鲁迅和许广平代表校维持会和校学生自治会致欢迎词。会后,全体人员照了合影。

1926年3月,女师大风潮终于结束,鲁迅和许广平的恋爱也在缓慢向前走,鲁迅在3月6日这一天的日记里记道:"晴。晨寄霁野信。往女师大评议会。上午得凤举信。旧历正月二十二日也,夜为害马剪去鬃毛。静农、霁野来。培良来。"

"为害马剪去鬃毛"这句话颇引人注目,害马是《两地书》中许广平的代称,有学者认为,这一天为二人定情的日子,也是有道理的。

然而,此时国内形势却非常糟糕,奉系和蒋介石的国民革命军矛盾激化,段祺瑞政府借日本海军的力量发动战争,1926年3月12日,日本海军进攻天津大沽口。国民革命军自卫还击。日本便纠集了英、美、法等国通牒段祺瑞政府,要求段祺瑞四十八小时以内给出合理解决方案。

这一下激怒了北京、天津等地的学生。3月18日,北京大学、女师大等北京二百余所学校和团体的代表集中在天安门前,反对八国通牒,要求政府驱逐八国驻中国公使,游行队伍十分壮观,下午一时左右,游行队伍到达国务院所在的东辕门,群众代表要求会见总理贾德耀,被拒绝。于是,总指挥又往北去,去找段祺瑞,然而正是在去吉兆胡同的路上,遇到了屠杀游行人员的大刀队以及警察卫队,他们大肆杀戮,群众被杀害四十七人,伤二百余人,其中学生占百分之八十。

而女师大的学生刘和珍和杨德群也在这一次屠杀中牺牲。

下午的时候，正在女师大念书的许羡苏回到西三条鲁迅的住处，告诉了中午时刘和珍和杨德群被杀的噩耗。鲁迅当时正在给几本杂志写专栏，其中有"无花的蔷薇"系列文字，可是，他写不下去了，觉得时间已经不对了，不是写这种闲笔的时候。他在《无花的蔷薇之二》的后面的小节里，完全不接着上面的文字写了，开始用愤怒的笔墨诅咒没有人性的杀人者，他的愤怒通过文字表达了出来："如此残虐险狠的行为，不但在禽兽中所未曾见，便是在人类中也极少有的"，"血债必须用同物偿还。拖欠得愈久，就要付出更大的利息"。

那几天鲁迅几乎饮食难下，许羡苏在回忆鲁迅的文章里曾写道："过了三天，我去看鲁迅先生，他母亲对我说：'许小姐，大先生这几天气得饭也不吃，话也不说。'几天以后，他才悲痛地说了一句：'刘和珍是我的学生！'"李霁野那一段时间与鲁迅交往颇多，他也回忆到这一点："我从未见到先生那样悲痛，那样愤激过。他再三提到刘和珍死难时的惨状，并且说非有彻底巨大的变革，中华民族是没有出路的。"

3月25日，鲁迅亲自出席刘和珍、杨德群的追悼会，他在礼堂外不停地徘徊，有学生会的干部走过来，求他写一篇文章纪念一下。鲁迅便写了那篇著名的《记念刘和珍君》，除了这篇文章外，关于"三一八惨案"，鲁迅还写了多篇杂文，矛头对准了段祺瑞政府。

惨案过后，段祺瑞政府果然开始大肆抓人，《京报》报道了段祺瑞政府要通缉的五十人名单，竟然有鲁迅和许寿裳。

随着国民革命军北伐战争取得了阶段性的胜利，奉系段祺瑞下野。

然而，接下来上台的直系吴佩孚和张作霖合作一起，他们以严惩"赤化分子"的名义列了一个百人大名单，竟然仍有鲁迅的名字。这一次，鲁迅开始了他在北京的避难生涯，在 1926 年的 3 月底至 5 月，他先后躲避在莽原杂志社、旧刑部街的山本医院、东交民巷的德国医院、法国医院，直到 5 月上旬才回到西三条胡同。

鲁迅一边避难，一边还和许广平通着信，还帮着老乡许钦文校对了他的第一部小说集《故乡》。直到 1926 年 7 月，先期到达厦门大学的林语堂听说了鲁迅在北京的遭遇，给他发来了聘书，邀请他去厦门大学教书。而此时许广平也正要从北京女师大毕业，准备回到母校广州女子师范教书。所以，两人约定，先让许广平好好地工作两年，然后再见面，决定是不是要终生在一起。

1926 年 8 月 26 日下午，在一帮友人的欢送下，鲁迅和许广平一起离开北京，经上海转船分别去广州和厦门。终于，为了爱情，或者一些别的什么，鲁迅离开了他生活了十四年的北京。他不知道，他是不是还可以再回到这里。他无论如何也想不到，接下来的十年时间，他除了短暂地回到北京探亲或演讲，便再也没有长住过。

1926 年 11 月 17 日，厦门大学教职员合影。四排右起第一人为鲁迅

二十一　　　厦门大学的住宿问题

刚到厦门大学的晚上，鲁迅便给许广平写信，介绍自己的住处："因为教员住室尚未造好（据说一月后可完工，但未必确），所以，我暂住在一间很大的三层楼上，上下虽不便，眺望却佳。学校开课是二十日，还有许多日可闲。"这是 1926 年 9 月 4 日晚上的时候写的信。

一周后的 9 月 11 日，鲁迅给许广平寄了一张明信片，明信片上有厦门大学建筑照片，其中有生物学院和国学院，恰好有鲁迅所住的那栋极大的三层楼，鲁迅便在明信片上做了一个标记，注明，我就住在这里。当时的厦门大学建筑在靠近海边的一片荒地上，大风吹过来时，因为毫无遮挡，所以，常常会将学校的房舍吹倒。9 月 10 日晚上的一场大风，便将林语堂的住房的房顶拔掉了，门也吹坏了。鲁迅住的房子大概建筑得结实，倒无事。

许广平收到鲁迅的明信片，看到上面的一句话，说是大风吹倒房屋，十分担心，在回信里专门问道:"飓风拔木,何不向林先生要求乔迁?"十分担心鲁迅的住宿。

9月20日新生开学,鲁迅所开的课程有两种,但是其中一门课程是"专书研究",因为学生少的缘故,竟然无一人选修,那么,鲁迅便只教一门文学史的课,所以,还不算忙碌。

9月22日下午,鲁迅给许广平写回信,又一次谈到自己的住室问题:"昨日到市去,买了一瓶麦精鱼肝油,拟日内吃它。因为此地得开水颇难,所以不能吃散拿吐瑾(德国柏林出产的补脑健胃药品)。但十天内外,我要移住教员寄宿舍去了,那时情形又当与此不同,或者易得开水罢。(教员寄宿舍有两所,一所住单身人者曰'博学楼',一所住有夫人者曰'兼爱楼',不知何人所名,颇可笑。)"

在厦门大学,鲁迅不喜欢顾颉刚,自然也不喜欢他推荐来的一些人,很快,鲁迅便得罪了一个"善于兴风作浪的人":黄坚。

黄坚是林语堂的秘书,一开始鲁迅对他并没有坏印象,只是,有一次,他发现了此人的"鄙":一则是对小职员的不屑一顾,态度傲慢;再则是答应别人的事从来是口头上的,实际上根本不兑现。最重要的一个原因是,有一次林语堂正和鲁迅交流厦门大学的饮食的难吃,黄坚跑过来汇报工作,说到某个人的不好,小声嘀咕良久。于是鲁迅"就看不起他了"。

然而,物以类聚。反感也总是相互的,很快,鲁迅找到了一个机会,让黄坚碰了一个钉子。黄坚果真是个斤斤计较的人,第二天便找机会报复。大致经过是这样的:鲁迅的住处因为要陈列物品,教师必须搬走,然而黄坚只是催促鲁迅搬走,却并不说明要他搬到哪里。鲁迅恼火了,发了脾气。黄坚便指了一间空旷的房间给鲁迅。

但是，那个房间也太空了，连基本的床铺也没有。然而当鲁迅去找黄坚领取物品的时候，黄坚终于找到了报复鲁迅的机会，推托说物品被别人领完了，暂时没有，要鲁迅打地铺睡觉。这大约伤害了鲁迅的自尊。离开北京来厦门大学，目的是另起一行做一番事业的，没想到被这样的小人绊在这样一个小地下室里。恼火之后，又大发其怒，这一下果然奏效。"大发其怒之后，器具就有了，又添了一把躺椅，总务长亲自监督搬运。"然而即使如此，鲁迅的心也凉了半截，在致许广平的信中写道："因为玉堂邀请我一场，我本想做点事，现在看来，恐怕不行的，能否到一年，也很难说，所以我已决计将工作范围缩小，希图在短时日内，可以有点小成绩，不算来骗别人的钱。"

学校常常弄一些好笑的事情出来，譬如鲁迅新搬的住所，因为房子稍长了一些，便装了两个灯泡，可是，学校为了节约，规定一个老师只能用一个灯泡，好说歹说也不管用，终于，那个电工将鲁迅房间"多余"的一个灯泡摘下，走了。然而，那灯泡是摘了，电线的接口却裸露着，有一天晚上起夜，差点儿触了电，叫了电工过来重新收拾，才算周全。

房间比以前的宿舍大了，因为鲁迅被安排进了图书馆，邻居分别是会炒火腿的孙伏园和北大时的学生张颐。为了能让许广平更为直观了解自己的住处，鲁迅特别手绘了住处的图，一共画了五个小房子，并在下面的一行标注自己的住处的窗子。"至于我今天所搬的房，却比先前的静多了，房子颇大，是在楼上。前回的明信片上，不是有照相吗？中间一共五座，其一是图书馆，我就住在那楼上，间壁是孙伏园与张颐……我的房有两个窗门，可以看见山。今天晚上,心就安静得多了,第一是离开了那些无聊人,也不必一同吃饭,听些无聊话了,这就很舒服。"

可是,住图书馆不过是临时之计,管理图书馆的主任出差不在家里,林语堂就自己做主把鲁迅安排了进来。然而,那主任回来以后,还不知会不会发生变化。不过,由九十六级台阶的高楼搬到了只有二十四级的二楼,心情好了许多。但是仍然因为没有许广平在一旁看着,生活变得单调且乏味。在 9 月 26 日晚的信中,鲁迅写到自己请了一个叫作"春来"的工人,便买了许多器具,锅碗瓢盆什么的。有人看到他和工人提着这些生活用具回来,打趣着说,看来要在此安下家来了。然而鲁迅却并不这样想,在信里,他说:"有人看见我这许多器具,以为我在此要作长治久安之计了,殊不知其实不然。我仍然觉得无聊。我想,一个人要生活必须有生活费,人生劳劳,大抵为此。但是有生活而无费,固然痛苦;在此地则似乎有费而没有了生活,更使人没有趣味了。我也许敷衍不到一年。"

1927年1月2日，鲁迅与林语堂及泱泱社青年合影于厦门南普陀

鲁迅在坟前

二十二　　坟前的鲁迅

　　在厦门大学,除了每天去邮局"旅游"这一个项目比较舒适之外,大多事情并不顺利,比如厕所问题,很是不便。他在 1926 年 9 月 30 日给许广平的信里写道:"我到邮政代办处的路,大约八十步,再加八十步,才到便所,所以我一天总要走过三四回,因为我须去小解,而它就在中途,只要伸首一窥,毫不费事。天一黑,就不到那里去了,就在楼下的草地上了事。此地的生活法,就是如此散漫,真是闻所未闻。"

　　而在《两地书》的原信中,还有下面的小节,读来则更可笑。鲁迅得意于自己的大胆,而那些初来的老师还没有发现这个办法,即使是晚上的时候,小便,也需要去遥远的厕所去"旅行"。

　　恋爱真的可以让一个男人掏尽储存内心里多年的调皮。

　　在 1926 年 9 月 23 日许广平致鲁迅的书信里,

许广平问鲁迅："你为什么希望合同的年限早满呢？你是感觉着诸多不惯，又不懂话，起居饮食不便么？如果对于身子的确不好，甚至有妨健康，则还不如辞去的好，然而，你不是要'去作工'么？你这样的不安，怎么可以安心工作?！你有更好的方法解决没有？或者于衣食抄写有需我帮忙的地方，也不妨通知，从长讨论。"这连续不断的字字句句皆流露出不安，恨不能插翅过去看看。

鲁迅在复信里解答了这一疑问："我之愿合同早满者，就是愿意年月过得快，快到民国十七年，可惜来此未及一月，却如过了一年了。其实此地对于我的身体，仿佛倒好，能吃能睡，便是证据，也许肥胖一点了罢。不过总有些无聊，有些不高兴，好像不能安居乐业似的，但我也以转瞬便是半年，一年，聊自排遣，或者开手编讲义，来排遣排遣，所以眠食是好的。我在这里的情形，就是如此，还可以无须帮助，你还是给学校办点事的好。"

鲁迅之所以说快到民国十七年，是因为，他和许广平在一同离开北京时曾经约定，分开工作两年后再谈婚论嫁。而民国十七年刚好是两年后，这种造句不过是委婉的孩子气，想说一日不见如三秋兮，又觉得太酸腐了，所以只好在信里表白"就是愿意年月过得快"。

许广平在信的末尾加问了一句："伏园宣传的话，其详可得闻欤？"

因为之前，鲁迅在信里提到过，两人一同离开北京以后，孙伏园在北京替他们做了宣传，按照现在的术语说，孙伏园八卦了鲁迅和许广平的关系。鲁迅在《两地书》里作复："至于他所宣传的，大略是说：他家不但常有男学生，也常有女学生，但他是爱高的那一个的，因她最有才气云云。平凡得很，正如伏园之人，不足多论也。"

在上海就已经听过了这些传言，然而许广平显然是未听够，之所以要鲁迅在信里再说一次，也不过是因为恋爱中女人的虚荣。这一点，不管历史如何轮回也都是不变化的，对于甜蜜的食物，女人总愿意多食用一些，包括甜蜜的话语。

在厦门大学，不与顾颉刚之流在一起吃饭，连许广平的好友的哥哥也不去拜访，只能孤单地在自己的房间里写信、编讲义了。不过，听讲的学生很多，也常常有热爱文学的女生像许广平一样，坐在第一排，热情地发言。可是，这一次鲁迅先生不再执着地盯着她们看了。

鲁迅的信一写到女人或者女生便会犯恋爱综合征：发誓、排他、孩子气。他的原信是这样："听讲的学生倒多起来了，大概有许多是别科的。女生共五人。我决定目不邪视，而且将来永远如此，直到离开了厦门。"

然而这封孩子气的信，直到半个月以后才让许广平收到。收到后，许广平不禁被鲁迅的誓言逗笑了："这封信特别的'孩子气'十足，幸而我收到。'邪视'有什么要紧，惯惯倒不是'邪视'，我想，许是冷不提防的一瞪罢?"

广平兄的鼓励，鲁迅却不敢去执行，在接下来的一封信里，依旧"目不邪视"着："我现在专取闭关主义，一切教职员，少与往来，也少说话。"

林语堂在厦门大学渐渐受到了排挤，先是聘书问题，除了鲁迅、沈兼士和顾颉刚三人外，一同到来的孙伏园、章川岛等人皆没有聘书,然而这些人也都是林语堂出面邀请来的。作为国文系的主任,林语堂觉得很是没有面子。其次是林语堂请来的教师,没有地方住宿,鲁迅是最为典型的例子,反复地被更换住室,到厦门大学不到一个月时间,鲁迅被迫搬了三次家。

搬家次数太多,甚至接下来还有搬家的可能,所以,鲁迅不敢置办太多的家具,所以,当他信里看到许广平搬到新房子以后,写道:"从信上推测起你的住室来,似乎比我的阔些,我用具寥寥,只有六件,皆从奋斗得来者也。但自从买了火酒灯之后,我也忙了一点,因为凡有饮用之水,我必煮沸一回才用,因为忙,无聊也仿佛减少了。"

工资高并不吸引人,鲁迅那里已经有了纠纷。沈兼士决定要回到北京去,所以,一直没有在聘书上签字。林语堂便央求鲁迅去从中说和,鲁迅很热情地去说,他想让沈兼士先在应聘书上签名,然后请假去北京处理杂事,但年内再回到厦门大学一次,算是在厦门大学工作了半年时间,也不枉林语堂邀请一场。鲁迅是因为知道沈兼士决心要走,才这样劝解的,可是沈兼士答应了,林语堂又不同意了,觉得这样过于便宜沈兼士了。鲁迅的一场劝解工作泡了汤,作了废。但过了两天,林语堂知道挡不住沈兼士一定要回北京,便也答应了沈的要求,结果还是按照鲁迅的方案执行的。

沈兼士的离去让鲁迅颇有些感慨:"据我想:兼士当初是未尝不预备常在这里的,待到厦门一看,觉交通之不便,生活之无聊,就不免归心如箭了⋯⋯此地的生活也实在无聊,外省的教员,几乎无一人作长久之计,兼士之去,固无足怪。但我比兼士随便一些,又因为见玉堂的兄弟及太太,都很为我们的生活操心;学生对我尤好,只恐怕在此住不惯,有几个本地人,甚至于星期六不回家,预备星期日我若往市上去玩,他们好同去做翻译。所以,只要没有什么大下不去的事,我总想在此至少讲一年,否则,我也许早跑到广州或上海去了。"

有一天,林语堂突然找到鲁迅,给他看一封电报,是新成立的中山大学(原广州大学)的校长朱家骅发来的,收电报的是林语堂、沈兼士和鲁迅,想让他们三人去指示一下大学里的改制工作。然而,沈兼士急着回北京,林语堂在厦门大学获得了巨大的好处(他的弟弟、弟媳以及自己的老婆均安排在了厦门大学工作),暂时也不可能去的,唯有鲁迅和许广平被大水隔着,可以去一下。然而,鲁迅的课才刚刚上了一个月,中间还请了两三个星期假,所以,他不好意思开口,只能作罢。

由于学生们都已经知道了周树人就是鲁迅,而且报社的记者也蜂拥地来采访,还要在学校的某些集会上讲座,一下子,生活拥挤起来。鲁迅突然觉得自己像一件被挂在墙上的展览品一样,被众多的人围观,甚而点评三四。

他有些不适应,很想去看看许广平,但又没有机会,他在信里埋怨那电报的时机来得不对,说:"这实是可惜,倘在年底,就好了。"

给许广平写信,有时候有些上瘾,一天里最多时可以写三封信。信里说些什么呢,衣食住行,无一不想与她分享。1926 年 12 月 7 日晚,许广平给鲁迅写了情意绵绵的回信:"现在我要下命令了:以后不准自己将信'半夜放在邮筒中'。因为瞎马会夜半临深池的,十分危险,令人捏一把汗,很不好。况且'所外'的信今日上午到,'所内'的信下午到,这正和你发出的次序相同,殊不必以傻气的傻子,而疑'代办所里的伙计'为'呆气'的呆子,其实半斤八两相等也。"被命令了一通之后,鲁迅果然好些了,不再半夜三更到校外的邮政所去投信了。1926 年 12 月 12 日,鲁迅在信里回复道:"此刻已经夜一时了,本来还可以投到所外的箱子里去,但既有命令,就待至明晨罢,真是可惧,'我着实为难'。"

很快,中山大学便将聘书发出给鲁迅了。大抵是觉得还是和许广平在一起更妥帖一些,到了 1926 年底,鲁迅有些迫不及待,在《两地书·一〇二》中写道:"看来中大似乎等我很急,所以我想就与玉堂商量,能早走则早走。况且我在厦大,他们并不以为必要,为之结束学期与否,不成什么问题也。"

又几日,1927 年元旦后的第二天,鲁迅又写信给许广平,说自己在月底的一天,将厦门大学的所有职务均辞去了。这封信里,鲁迅开心之至,行文十分地从容,甚至有些放荡。在信的结尾处,鲁迅写道:"想来二十日以前,总可以到广州了,你的工作的地方,那时当能设法,我想即同在一校也无妨,偏要同在一校,管他妈的。"

可真是有趣,管他妈的,偏要在一起,如何。这一天,是 1927 年 1 月 2 日,因为辞职了,有学生挽留,下午的时候,和林语堂以及一帮学生去照相。鲁迅早就看好的拍照的地点。

鲁迅在信里也写到了这一点:"今天照了一个相,是在草莽丛中,坐在一个洋灰的坟的祭桌上,但照得好否,要后天才知道。"

1 月 2 日这一天,林语堂和厦大的"泱泱社"的几位学生邀请鲁迅到南普陀大悲殿拍照。泱泱社是厦门大学的一个文学社,因为编辑出版《波艇》杂志,社长崔真吾与鲁迅交往颇多。那天下午,鲁迅借口不喜欢佛光四照的严肃,领着一群人到了南普陀附近的小山冈上。鲁迅喜欢山冈上生着的龙舌兰。还有,那小山冈上遍布着大小不一的坟头。那一年,鲁迅的杂文集《坟》刚编定不久,尚未出版,所以,在一座坟前拍照片,鲁迅是想赶在出版前寄往上海,让李小峰补用的。

拍照片的摄影师颇有些水准,是厦门中国照相馆的老板,叫郭水生,仿佛是台湾人。

第一张照片是个合影,"泱泱社"成员和鲁迅、林语堂一起在一块刻有"许"字的墓碑前拍的。刻有"许"字的墓碑,林语堂一眼就看出了鲁迅的小心事。

然后,鲁迅又自己在这个刻有"许"字的墓碑前拍了一张。林语堂也有些羡慕鲁迅,等鲁迅站起来,他也跑去凑了一个热闹。

照片洗出来的时候,鲁迅又收到许广平一信,回复她,关于中山大学聘请许广平做助教的事情,的确是孙伏园帮的忙。孙伏园为老师忙活一下,自是应该,而鲁迅因为要领到厦门大学最后一个月的薪水,再加上送别的人很多,所以不得不吃一些酒水。他在《两地书》厦门的最后一封信里写道:"这几天全是赴会和饯行,说话和喝酒,大概这样的还有两三天,这种无聊的应酬,真是和生命有仇,即如这封信,就是夜里三点钟写的。"

是啊,这封信是喝醉了酒醒来写的,看来,先生梦里念的,都是广平兄。

二十三　　厦门的吃食

有一种水果,叫杨桃,横断如五角星,外形十分地革命,色泽黄绿,味道有草木的清香气,微甜。许广平在信里问鲁迅,厦门可有吗?

鲁迅答,我在这里吃到荔枝、柚子和龙眼,没有见过此种名目的水果。之所以吃的水果不多,原因仍然和广平兄在信里反复地约束有关系。

在厦门,香蕉的价格是一角钱五个,如此零用着出售,倒是少见。彼时的钱财乃是以银圆来计价,一块银圆相当于现在的一百元人民币,若是一毛钱,也相当于现在的十元钱。若是依照现在的市价,十元钱只能买五瓣香蕉,着实昂贵了些。

所以,鲁迅在书信里特地发了一通牢骚:"此地有一所小店,我去买时,倘五个,那里的一个老婆子就要'吉格浑'(一角钱),倘是十个,便要'能(二)格浑'了。究竟是确要这许多呢,还是欺我是外江佬之故,我至今还不得而知。好在我的钱原是从厦门骗来的,拿出'吉格浑''能格浑'去给厦门人,也不打紧。"

之所以说在厦门大学工作,钱是骗来的,是因为,鲁迅在厦门大学的待遇颇好,每月有五百块大洋(约合如今的五万元人民币)的收入,然而,每周却只有四节课,不可谓不清闲。

在 1926 年双十节的下午三时的信中,许广平劝解鲁迅要注意饮食,因为一个人在厦门,若是吃坏了肚子,那么疼痛在寂寞的情形下会加倍的。在书信里,许广平写道:"香蕉、柚子都是不容易消化的食物,在北京,就有人不愿意你多吃,现在不妨事吗? 你对我讲的话,我大抵给些打击,不至于因此使你有秘而不宣的情形吗?"

恋爱中的人就是如此,无论说任何事情,都会联想到内心。鲁迅的回答则如孩子一般乖巧:"无论怎么打击,我也不至于'秘而不宣',而且也被打击而无怨。现在柚子是不吃已有四五天了,因为我觉得不大消化。香蕉却还吃,先前是一吃便要肚痛的,在这里却不,而对于便秘,反似有好处,所以想暂不停止它,而且每天至多也不过四五个。"

在厦门大学,鲁迅的饮食爱好终于受到了挑战,因为喜欢吃白糖,然而厦门的蚂蚁很多,挂在空中,蚂蚁则会顺着吊篮的绳子爬下来,依旧成团成团地包围。以至于鲁迅不得不常常连白糖带蚂蚁一起隔窗子扔到草坪里。

再后来,到林语堂家里参观,终于学到了一个好的方法,那就是把白糖放在一个塑料袋子里,系得紧紧的,放在桌子上,然后,在白糖的四周洒满了水。蚂蚁闻到气息之后,往水里爬,淹死者众,总算是解决了这个难题。鲁迅在信里十分欣喜地告诉许广平这个消息,仿佛要许广平也这样尝试一番。

然而许广平早就有自己的办法："防止蚂蚁还有一法，就是在放食物的周围，以石灰粉画一圈，即可避免。石灰又去湿，此法对于怕湿之物可采用。"

鲁迅在吃食上，还是更习惯北京一些，有一次在信里，他说起厦门的酒席，不大满意："这里的酒席，是先上甜菜，中间咸菜，末后又上一碗甜菜，这就完了，并无饭及稀饭。我吃了几回，都是如此。"去小饭馆吃饭，也不过是对付一下，遇不到可口的食物。

有一天，鲁迅外出到小饭馆吃饭，遇到一个同事，叫作容肇祖，他给鲁迅推荐一种叫作"桂花蝉"的食物，大约是水煮了的，像一只知了的形状，是一种昆虫，乡间的田里常见的。看起来很是吓人。鲁迅有些疑惑地看着那食物，容肇祖的妻子则连连摇头，说那只虫子难吃死了，谁知道那虫子在被煮前是不是趴在一堆大便上。

两个人意见相左，便争吵起来。这让鲁迅感到很好玩。

所以要到小饭馆里吃饭，是因为为鲁迅和孙伏园做饭的听差春来辞职不做了，原因是"厦门大学的厨房工作人员要打他"。

递交辞职信的前一天，也就是 1926 年 12 月 30 日，鲁迅接到了厦门大学总务处长周辨明的邀请，请他到他们家去吃周夫人做的春卷。这大约是鲁迅所吃到的印象较为深刻的厦门小吃。

章廷谦的回忆文字写得颇周详，我来引录一下："我们宾主六七个人，都围坐在一张大餐桌旁，开始时，和通常的宴会差不多，无非是喝酒吃菜，只是主妇没有来，空着一个座位。后来主妇来了，春饼也来了，色白，甚薄，和我们在市上所见的所谓春饼皮是一样的，只是大了些，每张饼的直径约摸有一尺来大。由主妇包好了交给我们吃，其中作料很多，很好。包的很大，我和鲁迅先生都只得用两只手捧着来吃，分左、右、中三次吃，才吃下一截去；至少可以说，我们吃的第一个春卷已经'其大盈把'了。一个刚吃完，第二个又从殷勤的主妇手上递过来了，比第一个还大，几乎像一个给婴儿用的小枕头。我和鲁迅先生还是左咬一口，右咬一口，中间再咬一口的勉强把它吃下去了。当第三个比小枕头还要大的春卷送过来时，我们已经无能为力了，只好道谢。"

这段文字颇有现场感，有趣且生动，三个大大的春卷，相信将鲁迅先生临离开厦门的肚子撑得饱饱的，颇让人欢喜。也果然，章廷谦回忆说"一直过了多少年之后，鲁迅先生和我都还记得当时彼此用两只手捧着一只小枕头咬的场面"。

厦大学生会欢送鲁迅先生大会摄影 十六年一月四日

1927 年 1 月 4 日,厦门大学学生会欢送鲁迅。二排右起第十一人为鲁

迅

二十四 《波艇》月刊：留别鲁迅一

　　1927 年元旦的那天,《厦大周刊》第一百七十期出版,有一个广告颇为引人:"本校学生新近组织两文艺社。一名泱泱,一名鼓浪。两社皆有定期出版物。鼓浪社编辑之《鼓浪》周刊,现附于鼓浪屿《民钟报》出版。每逢星期三出版一次,零售每份铜圆二枚,业已出至第四期。内容丰富,类皆研究文艺之作品。科学方面亦有所贡献。出版以来,颇受读者欢迎。其第一号早已售罄,因阅者之纷纷要求,该社拟再重印,闻不日即可出版。至泱泱社系出版一种月刊,名为《波艇》。不在厦门印刷,寄交上海北新书局代印代发。创刊号已经印就,不日即可寄到。内容有采石君之《波艇》,卓治君之《让我也来说几句话》,俞念远君之《爱充满了宇宙》,孙伏园君之《厦门景物记》,洪学琛君之《失望》,鲁迅君之《通信》,概属锦文妙词。想将来寄到,一般读者当必以先睹为快也。"

　　1927 年 1 月 7 日北新书局出版的《语丝》也做

了《波艇》的广告,比较简略:"《波艇》月刊,本刊为厦门大学爱好文艺者所编辑,由本局代印代发,印刷装订,务求精美,不日出版。"在接下来一期的《语丝》周刊上,还做了《波艇》创刊号的目录广告。

早在 1926 年底,《北新》半月刊也连续做了两期风花雪月的广告,比如 1926 年 11 月 27 日的广告词中有这样的句子:"《波艇》是纯粹文艺的刊物,在厦门海浪汹涌的滚来时,想到漂浮在碧波里的船,就得到这个名字。"12 月 11 日,《北新》又做了篇幅颇大又十分抒情的广告:"远方,从东南角来的海风里,我们听到这样的歌唱,幽扬而又激昂! 这是厦门大学的波艇,乘风破浪,屏绝了无谓的感伤,来激动我们的深心。"

这个广告真可谓很抒情主义了,然而,鲁迅在《两地书》中对《波艇》的评价不抒情,却饱满了感情。1926 年 10 月 20 日晚上,在补写的信里,鲁迅写道:"学生方面,对我仍然很好;他们想出一种文艺刊物,我已为之看稿,大抵尚幼稚,然而初学的人,也只能如此,或者下月要印出来。"

按照《两地书》中的时间推论,应该是 1926 年 11 月便要出版《波艇》的创刊号,然而,却没有,因为鲁迅推荐给认识的某个书店,却被婉拒了,只好又找自己的学生李小峰,北新书局决定出版。

对于办这本文艺刊物,鲁迅还是蛮上心的,1926 年 11 月 15 日写给许广平的信中,他说道:"我先前在北京为文学青年打杂,耗去生命不少,自己是知道的。但到这里,又有几个学生办了一种月刊,叫作《波艇》,我却仍然去打杂。这也还是上文所说,不能因为遇见过几个坏人,便将人们都作坏人看的意思。"

《波艇》的几位编辑也是《波艇》杂志的作者,他们分别是俞念远、谢玉生、崔真吾、洪学琛、王方仁、朱斐。1936 年，俞念远曾经写过一篇回忆鲁迅的文字，专门提到《波艇》杂志创办的事情："当时，因为我是一个预科的小学生，所以没有机会去听他的课。可是，我也常常自动地去听过他的《中国小说史略》等课。他自己在讲坛上是不多笑的，可是他的讽刺的新锐语，却使学生不得不笑的。有一次我和采石、梅川、卓治等，去看鲁迅先生。他对我们这一群年青的朋友，是非常和爱（蔼）的。在这期间由鲁迅先生指导，我们产生了一个泱泱文艺社；曾在北新书局出过二期《波艇》。"这篇名叫《我所记得的鲁迅先生》一文中，俞念远还写道他们泱泱社和鲁迅、林语堂合影的事情："我记得在我们泱泱文艺社几个年青的朋友，和林语堂先生欢送鲁迅先生赴广东中大，在南普陀摄影的时候，他自己独自在那些坟墓上拍过一个相片。他自己说：'这张照片要寄上海去，赶印在那本《坟》上的；以表示那是要不得埋葬了的'坟'了！"

《波艇》第二期是创刊号出版一周后便出版的，北新书局的《语丝》周刊在 1927 年 1 月 21 日又替《波艇》做了目录广告，分别是黑侠的《鹅之死》，采石的《运动场里》，玉鲁的《薇娘》，念远的《我若是》，采石的《收租》，伏园的《厦门景物记》，卓治的《白话》，沙刹的《沙漠上的足音》。一共八篇，鲁迅先生并没有写稿。等这一期杂志寄到厦门大学的时候，鲁迅已经坐上了去广州的船，会他的"害马"去了。

二十五　　厦门大学的演讲:留别鲁迅二

刚到厦门大学一个月,鲁迅便应邀在群贤楼大礼堂给全体学生和教职员工做了一次演讲。鲁迅先生的演讲不禁让我们想起早在教育部期间,他在 1925 年 1 月的时候给《京报副刊》关于青年必读书的答案:"从来没有留心过,所以现在说不出。但我要趁这机会,略说自己的经验,以供若干读者的参考——我看中国书时,总觉得就沉静下去,与实人生离开;读外国书——但除了印度——时,往往就与人生接触,想做点事。中国书虽有劝人入世的话,也多是僵尸的乐观;外国书即使是颓唐和厌世的,但却是活人的颓唐和厌世。我以为要少——或者竟不——看中国书,多看外国书。少看中国书,其结果不过不能作文而已。但现在的青年最要紧的是'行',不是'言'。只要是活人,不能作文算什么大不了的事。"

当年,鲁迅这一番言论曾引起一场争端,有多人围攻鲁迅的奇哉怪也。

然而，两年不到的时间，鲁迅在厦门大学又一次捡起旧论，他讲话的内容分为两个部分，其一是"少读中国书"，其二是做好事之徒。

先生可真是语不惊人死不休啊。想起三十年代在上海送给内山完造的五言诗句"有病不求药，无聊才读书"，其实仍然是这样的套路。

"好事之徒"的讲演部分，后来经过记录整理，发表在 1926 年 10 月 23 日第一百六十期《厦大周刊》上，摘录一段在当时听来异常新鲜的话吧："我以为今之中国，却欲好事之徒之多，盖凡社会一切事物，惟其好事之人，而后可以推陈出新，日渐发达。试观科(哥)仑(伦)布之探新大陆，南生之探北极，及各科学家之种种新发明，其成绩何一非由好事而得来。即如本校，本是一片荒芜之地，建屋以招学生，其实亦即好事。故我以为好事之徒，实不足病。"

可是，鲁迅的关于少读中国书的观点，因为反对阅读经典，与当时的厦门大学校长林文庆的尊孔的观点碰撞，所以，在发表鲁迅演讲的时候，林文庆指示删除鲁迅关于"不读中国书"的偏颇观点，而只留下了好事之徒的观点。

自然，"好事之徒"的段落里，因为赞美了创办厦门大学的华侨陈嘉庚，所以校长便表示同意鲁迅的观点，这一点，在《两地书》中，鲁迅也曾写到，比如在 1926 年 10 月 16 日给许广平的信里写道："这里的校长是尊孔的，上星期日他们请我到周会去演说，我仍说我的'少读中国书'主义，并且说学生应该做'好事之徒'。他忽而大以为然，说陈嘉庚也正是'好事之徒'，所以肯兴学，而不悟和他的尊孔冲突。这里就是如此胡里胡涂。"

然而自此次之后，鲁迅再也没有到周会上演说过，他后来倒是应学生的邀请，到过集美中学、平民学校、中山中学等地去演讲，但是在厦门大学，仅此一次。

这次关于少读中国书的部分，恰好有一个叫陈梦韶的学生做了笔记，他后来曾经写过回忆文章，关于鲁迅先生的演讲，他如是回忆："你们青年学生，多是爱国，想救国的。但今日要救中国，并不在多读中国书，相反地，我以为暂时还是少读为好。少读中国书，不过是文章做得差些，这倒无关大事。多读中国书，则其流弊，至少有以下三点：一、中国古书越多读，越使人意志不振作；二、中国古书越多读，越想走平稳的路，不肯冒险；三、中国古书越多读，越使人思想模糊，分不清是非。正是因为这个缘故，我所以指窗下为活人之坟墓，而劝人们不必多读中国之书。"

鲁迅在少读中国书的演讲内容里，还强调了，学生们不要死读书，尽信书则不如无书。他最后的话让学生长时间鼓掌：明辨，批判，弃其糟粕，取其精华。

然而，《厦大周刊》的上一期便刊登了校长林文庆的英语讲话的译稿，大概的题目是《孔子的宗教观念及哲学观念》。在演讲中，林文庆称"孔子学说实千古不可磨灭之学说"，讲演完了以后还让一个周姓教师弹奏古琴，又让顾颉刚做了题为《孔子何以成为圣人》的补充演讲。这种完美的组合，让鲁迅颇不舒服。于是，他才在接下来的讲演里，直接针对林文庆的观点，进行了批驳。"窗下为活人之坟墓"，何其尖锐的说法啊，在窗下点灯夜读，本来是美好的品德，然而，因为所读的内容是古旧的，在鲁迅眼里，便成了挖好了坟墓，等着自己一般。这在当时，的确是革命者的观点。

自然，鲁迅一直是支持革命的，尤其是针对传统文化中糟粕的东西。

厦大浙江同乡会欢送鲁迅先生赴粤撮影 幸卯月

1927 年 1 月 7 日，厦大浙江同乡会欢送鲁迅赴粤。二排左起第七人为

鲁迅

二十六　　厦门的月亮不圆:留别鲁迅三

　　1926 年 12 月 30 日,有大风,天色将晚的时候,鲁迅才想着出门,结果,因为时间太晚,房间后的小栅栏门已经锁上了,要跳出去才行。鲁迅低估了那栅栏上缠着的铁丝,衣服被挂到了,跌了一跤,手扶住栅栏时也被铁丝划到,流了血。

　　那天晚上,他是去找刚到厦门大学不久的章廷谦的。章廷谦当时住在离鲁迅不远的一个小洋楼里。因为章来得晚,且又带着老婆孩子,颇多不便,林语堂便介绍他临时寄居在学校总务处长周辨明的家里。

　　周辨明呢,因为知道鲁迅是一个人生活,又加上鲁迅要走,便提出来要送一送鲁迅,在家里招待鲁迅吃春卷。周辨明大约有一个能干的老婆。鲁迅来到章廷谦这里,便是要告诉他,他明天中午来周辨明家里吃东西,邀他一起,还特别告诉章廷谦,不要因为他的离开,而受到什么影响。其实,类似的话,鲁迅在章廷谦没有来之前,也曾经写到过。大抵是说他一个人生活不便,多要外出解决,不免要遇到顾颉刚们,徒生一些闲气。而章廷谦却可以在下课后回到家里抱着夫人恩爱。鲁迅的意思是,先在厦门大学干着,如果真的干不下去了,再去广州,他先去广州打探一下情况。

学生们听说了鲁迅要走的事情,在学校里组织留别鲁迅的活动。学校一看学生们动起来了,没有办法,只好以官方的名义,留鲁迅先生。然而,鲁迅也知道,这不过是一种礼节,也乐得前往去赴宴。

校长是个聪明的人,不喜欢学生们闹事,所以,当鲁迅提出辞职的时候,校长是同意了的。因为鲁迅所主张的做好事之徒隐约在他的心里,总觉得有不安宁的分子时时在发酵,说不定哪天便会爆发。所以,鲁迅走了,那么,这个不安分的总开关便可能被关上了。

所以,当学生社团的那些头目质问学校为什么不强力挽留鲁迅先生的时候,校方的回答是,鲁迅先生要走,是因为从北京来的一伙人中,有胡适派和鲁迅派,他们自己内部有些摩擦,不和谐才导致鲁迅要走,学校是留了的,却是留不住。

然而,学生们天真地去找所谓的胡适派,然而,就连黄坚们也一致认为,鲁迅是他的老师,他们自然不会和老师闹纠纷的。胡适派最后的说法让学生们一哄而散,大体是鲁迅先生一个人在厦门大学,食物上吃不惯,这是一个原因,最重要的一个原因呢,是厦门的月亮不如广州的圆。

学生们渐渐明白了,鲁迅先生有一个月亮,挂在广州的上空,便是许广平。有消息灵通的学生,也知道一些鲁迅和许广平的故事,比如两个人一起离开北京,同往上海等等。

关于许广平是月亮的话题,一开始是韦素园在书信里透露给鲁迅的,说高长虹之所以对鲁迅不满意,原因便是一首月亮诗。原来高长虹喜欢过许广平,在一首诗里,高长虹将许广平比作月亮,将鲁迅比作夜晚,而他自己呢,则比作太阳,只是可惜,月亮始终要挂在夜空里,所以,月亮舍了他,直奔黑夜而去。

这件逸事颇为有趣,甚至有许多情节在后来的学者的文本里逐渐模糊,成了公案。

在《两地书》中,许广平还专门写信嘱咐鲁迅说:"你那些在厦门置的器具,如不沉重能带来用也好,此处东西实在贵,而且我也愿看看你在厦的生活,由用具中推想。"

鲁迅在厦门大学的用具并不多,只出去买过一次,本来想后来再置办,但一直在外面包饭,所以,便没有特意地置办。但必要的锅碗瓢盆还是有的。

所以,章廷谦送鲁迅离开厦门的时候详细地记录了鲁迅的行李:"一月十五日的上午,鲁迅先生将他为我写好的那张册页,亲自给送到我家里。午饭后,我,还有几位同学随同鲁迅先生和他的四件行李,跨上了舢板。四件行李是一个衣箱,一个新买的书箱,一卷铺盖,还有一只网篮,其中装着煤油炉、铝制的锅和茶壶脸盆等等,这一篮就算是鲁迅先生在厦门大学唯一的收获了。"

其实,依着鲁迅,最后的这个网篮,必然是不携带的,然而因着广州的月亮想要看一下鲁迅在厦门的生活,即使带着麻烦,也坚持打了包,等到了广州,再一件件地展示给月亮看,所有这些用品都是吸引许广平的故事。

1927 年 8 月 19 日，鲁迅摄于广州西关

二十七　中山大学教务处主任

1927 年 1 月 16 日午后，鲁迅乘舢板抵厦门港"苏州"号海轮，在海上漂浮了两天，于 18 日午后，抵黄埔港。鲁迅先生和三个粉丝（从厦门大学准备转学到中大的广东籍学生）一道转乘小船到长堤，在旅馆住了一宿。19 日下午，在孙伏园、许广平等的帮助下，迁入中山大学，住进校园前排中心的大钟楼上。

因为报纸早就宣传了出去，鲁迅要到中山大学任教，所以，刚到广州不久，便惹来许多文学青年的拜访。自然，除了扮一扮名人之外，还有许多校务和编务要办理。比如，刚到广州，便接到学生李小峰的电报，想和他商议在广州设一个北新书屋，代售上海北新书局的一些出版物。于是鲁迅便写信给北京的韦素园，告诉他《莽原》在广州的销量，以及要筹备北新书屋的事情。

自然，还有学校的杂务要办，既然谋了一个教务处主任的差事，他第一件想到的便是要帮助许寿裳谋个饭碗。1月29日，鲁迅在给许寿裳的信里写道："现校中只缺预科教授，大家俱愿以此微职相屈，望兄不弃，束装即来，所教何事，今尚未定，总之都甚容易，又须兼教本科二三小时，月薪为二百四十，合大洋约二百上下，以到校之月起算，甚望于二月（阳历）间到校。可以玩数天，开学则三月二日也。"

在《两地书》中，鲁迅曾引孙伏园的信告知许广平，说是中山大学所聘请的人中，只有鲁迅一人为正教授。鲁迅当时的工资是五百元，后来被傅斯年请来的顾颉刚则是四百元，再后来到的章廷谦则要少许多。鲁迅在开学前夕的2月25日给章廷谦的信里写道："兄事，我曾商之骝先，校中只有教务助理员位置了，月薪小洋百，半现半库券（卖起来，大概八折），兄及夫人如来此，只足苦苦地维持生活。我曾向骝先说，请兄先就此席；骝先且允当为别觅地方。兄如可以，望即函知。且于三月间来此。"

在这封信里，鲁迅向章廷谦诉苦："我在这里，被抬得太高，苦极。作文演说的债，欠了许多……我不想做'名人'了，玩玩。一变'名人'，'自己'就没有了。"

鲁迅先生在给朋友的书信里，常常会回到一个好玩的真诚的有着自己体温的模样，哪怕是他当时已经是众多青年的偶像，然而，回到章廷谦这里，却依然是一副调皮的样子：玩玩还行，没想到职业当起名人了，便累着了。

优厚的薪水拿着，可以出风头的名人当着，这一切仿佛都挺舒适的，然而，刚开学一个月的时间，鲁迅却突然提出辞职不做了。而后从钟楼里搬出来住，直到退了三次辞职信，便与中山大学再无瓜葛了。

中山大学厚遇鲁迅，鲁迅为何激烈辞职呢？新中国成立以后的鲁迅传记的作者，挖空心思地将鲁迅先生辞职的理由往广州"四一五"事件上扯，其实，鲁迅辞职的真实原因，并不在于此，而是因为顾颉刚。

鲁迅和顾颉刚的矛盾颇久了，大概是在女师大时候，陈源和鲁迅吵得正欢的时候，顾颉刚在旁边贡献了一个绝对恶毒的攻击点：说鲁迅的《中国小说史略》这部书稿是抄袭日本盐谷温的。这件事情造成了两个结果：其一是，鲁迅和盐谷温成为好朋友；其二是，顾颉刚成为鲁迅彻底痛恨的一个人，无论他如何修复，鲁迅死死不给他任何机会。

早在鲁迅在厦门大学期间，有一次听说，顾颉刚在林语堂面前说章廷谦不适合厦门大学。哪知，过了不久，章廷谦给鲁迅写信，说顾颉刚给他写信，说自己在厦门大学的事已经办妥了。

鲁迅收到章廷谦的信以后，简直呆住了。在给川岛的信中说："我实在熬不住了。你给我的第一信，不是说某君（指顾颉刚）首先报告你事已弄妥了吗？这实在使我很吃惊于某君之手段。据我所知，他是竭力反对玉堂邀你到这里来的。你瞧，陈源之徒！"

顾颉刚在 1927 年 4 月 28 日致胡适的信里，的确说到他曾劝说林语堂不要聘请章廷谦的话："这四个月中，我的生活不安定极了。去年我初到厦门时，曾劝语堂先生不要聘川岛，孰知这一句话就使我成了鲁迅和川岛的死冤家。川岛到厦之后，千方百计替我造谣，说我和张亮丞先生抢做主任哪，说我向林文庆暗送秋波哪，说我单独欢迎蔡先生哪,说我阴谋倒戈,赞成开除学生哪,想不到象我这样瘦弱无才的人骤然添了这许多排挤谄媚的本领。语堂先生信其谗言,骤骤疏远,后来竟不见面了。我为保全国学院机关计,直至林校长由南洋归来,声明不能招回辞退之教职员而后辞职,自问此心甚为坦白。辞退之后,孟真见招,因拟到粤。鲁迅在粤任中大教务主任,宣言谓顾某若来,周某即去。适厦门邮局罢工十天,孟真来书未能接到,我就单身到粤观看情形。孟真告鲁迅后,鲁迅立时辞职,其党徒粘贴匿名揭帖,诬我为研究系,孟真亦辞职。纷乱一星期,尚未解决。幸鲁迅党徒不多,中大学生开会结果,主张三人皆留。大约鲁迅是不会回来的,但绍原因系川岛介绍,联带辞职,甚为可惜。"

顾颉刚的这封信,写得可谓清楚之至,一则是承认在厦门大学期间,劝林语堂不要聘用章廷谦,可是,那又为何和章廷谦通信呢?顾颉刚的这一举动,总让我想起刚回国不久的徐志摩,当时的徐志摩为了融入中国的诗歌界,听说郭沫若是诗歌领袖,便写信给郭沫若的下属冯乃超,赞美郭沫若,可是过不久,又在报纸上写评论嘲笑郭沫若的诗写得臭。如此两面三刀,自然惹人厌倦。

1927 年 4 月 18 日,顾颉刚来到广州。傅斯年连忙去找鲁迅解释,说是他的确写信通知顾颉刚暂时不要来了,结果,厦门的邮局罢了工,顾颉刚没有收到信,便自己做主来了。

傅斯年在鲁迅的钟楼上被鲁迅训斥的场景,曾经被何思源看到,他当时是中山大学法学院主任,他在回忆鲁迅的文字里写道:"我曾见过傅斯年在鲁迅住处,鲁迅坐在沙发上,傅斯年站着,鲁迅批评傅斯年。后来,傅斯年到朱家骅家里痛哭流涕。"在何思源的回忆文字里,鲁迅的辞职仿佛和蒋介石发动的"四一五"清党运动有关。

鲁迅的确参与营救了进步学生，但没有成功，这让鲁迅很是沮丧。然而，关于鲁迅的辞职，却的确和政治无关。看一下鲁迅在辞职前后给李霁野和章廷谦的信，便可以明白了。

辞职前一天，也就是 1927 年 4 月 20 日，在致李霁野的信中，鲁迅写道："我在厦门时，很受几个'现代'派的人排挤，我离开的原因，一半也在此。但我为从北京请去的教员留面子，秘而不说。不料其中之一，终于在那里也站不住，已经钻到此地来做教授。此辈的阴险性质是不会改变的，自然不久还是排挤，营私。我在此的教务，功课，已经够多的了，那可以再加上防暗箭，淘闲气。所以我决计于二三日内辞去一切职务，离开中大。"

辞职后的 5 月 15 日，鲁迅致章廷谦的信中写道："我到此只三月，竟做了一个大傀儡。傅斯年我初见，先前竟想不到是这样人。当红鼻到此时，我便走了；而傅大写其信，给我，说他已有补救法，即使鼻赴京买书，不在校；且宣传于别人。我仍不理，即出校。"

可是章廷谦在外面听到的传言却是鲁迅因为营救学生未遂，愤而辞职。于是，鲁迅在 5 月 30 日给章廷谦的信里，又写到此事："不过事太凑巧，当红鼻到粤之时，正清党发生之际，所以也许有人疑我之滚，和政治有关，实则我之'鼻来我走'（与鼻势不两立，大似梅毒菌，真是倒楣之至）之宣言，远在四月初上也。然而顾傅为攻击我起见，当有说我关于政治而走之宣传，闻香港《工商报》，即曾说我因'亲共'而逃避云云，史所闻之流言，或亦此类也欤。然而'管他妈的'可也。"

写到这里，事情已经明确得厉害了。

1927 年 8 月 19 日，鲁迅（前排右一）、何春才（前排左一）、许广平（后排左一）、廖立峨（后排右一）

二十八　鲁迅的干儿子

　　鲁迅博物馆曾编辑出版六卷本《鲁迅回忆录》，分别是专著上中下三册和散篇上中下三篇，那些文字，尤其是 1949 年之前的一些回忆文字，还是很有趣味的。

　　只是，我翻遍了六本书，竟然找不到一个人的名字，他叫廖立峨。

　　在鲁迅日记里，此人的名字出现过六十余次。他甚至还一度住进鲁迅上海的家里，扮演着"干儿子"的角色。

　　廖立峨是厦门大学的学生，因为喜欢鲁迅先生的课，当鲁迅先生辞职时，他也和鲁迅先生一起离开厦门大学，转入中山大学。鲁迅在广州期间，一直与廖立峨来往颇多，比如鲁迅决定要离开广州的时候，关闭他和孙伏园所开的北新书屋，便是廖立峨和陈延进、何春才三个帮忙打包图书，清点数目，并装运至共和书局。

　　然而，故事的发展出乎鲁迅的意料，等鲁迅和许广平到了上海之后，大约是 1927 年底的时候，廖立峨突然带着自己的妻子和妻弟一起到了上海，住进鲁迅租住的房子里，要鲁迅资助他学费，在上海念起书来。

后来，廖立峨让鲁迅帮助他找工作，鲁迅碍于情面，只好找了一个相熟的书店，但是工资却是鲁迅每个月支出，让书店老板代转。可是，廖立峨嫌工资太低，拒绝去上班。

直到有一天，邻居和许广平聊天时，让许广平大吃一惊，原来廖立峨的妻子对邻居声称是给鲁迅做上门干儿子的，所以，他们就理直气壮地白吃白住。鲁迅听到以后自然有些生气，却并没有立即赶他们走，只是有意怠慢了他们。廖立峨的哥哥不久来到上海谋生，鲁迅便以找不到工作为由，回绝了他们。可是，廖的哥哥照旧住在鲁迅的家里。

他是如何离开的呢，大抵是廖自己觉得无趣。然而回家也没有出路，于是向鲁迅先生借钱，缘由倒也充分，他们家里原来在乡下有几十亩水田抵押给了别人，供他们上学用了。现在，想请鲁迅先生帮助从别人手里要回来。这一下子需要的钱可多了，要一千多元。

鲁迅自己当时在上海还要租房子住，所以，不能满足他的要求。

廖立峨当时很生气，他觉得鲁迅一年的稿酬收入数万元，资助他一千元钱不算什么。可是鲁迅很生气地说："我不肯。"

又过了几个月，廖借口家里来信要他回去，鲁迅便给了他几十元盘缠。哪知，廖走的时候，竟然将鲁迅家里稍微值钱一些的衣服都偷走了事。这件事情鲁迅恰好对到访的章锡琛说了，所以，鲁迅去世以后，写回忆文字记述到这个义子的，只有章氏。但是章锡琛当时并没有说出这个干儿子的名字。

关于鲁迅帮助廖立峨找工作的事情，郁达夫在回忆文字里也写到过："鲁迅没法子，就来找我，教我为这青年去谋一职业，如报馆校对，书局伙计之类；假使是真的找不到职业，那么亦必须请一家书店或报馆在名义上用他做事，而每月的薪水三四十元，当由鲁迅自己拿出，由我转交给书局或报馆，作为月薪来发给。这事我向当时的现代书局说了，已经说定是每月由书局和鲁迅各拿出一半的钱来，使用这一青年。但正当说好的时候，这一位青年却和爱人脱离了鲁迅而走了。"

鲁迅借钱给李秉中，借钱给李霁野交学费，借钱给韦素园看病，借钱给萧军萧红住宿等等，对于青年人，尤其是喜欢文学又有些热情的青年人，鲁迅丝毫也没有像自己说的那样：我一个也不宽恕。他误解过后道歉的杨树达，争执过后成为朋友的魏建功，以及多年以后推荐的沈从文，他均未计较。包括这个让他尴尬的廖立峨，一直到他离开，偷了自己的衣物，鲁迅也一直没有说什么。我相信，除了在信里向许广平苦笑一声，别的没有什么办法。而当时，许广平已经和他在一起了，那么，只有相视一笑泯尴尬了。最好的办法是，赶快生一个孩子，省得再有干儿子上门来。果然，不久后，许广平便怀了孕。

1927 年 9 月 11 日，鲁迅与许广平、蒋径三合影于广州艳芳照相馆

二十九　　广州的船总是不开

　　从中山大学辞职以后，鲁迅继续着他的名人生涯。有人托他写中堂，有人让他画扇面。鲁迅很是恶作剧，对于求画的人说，画呢，我不会，不过，早些年在教育部时曾经临摹过几幅活无常，如果有兴趣的话，我可以画一画。果然，对方便再也不提索画的事了。

　　鲁迅离开厦门大学不久，章廷谦也离开了。他到了杭州《民国日报》做编辑。大约是编副刊，给鲁迅写信，问他什么时候离开广州，又想去哪里。

　　鲁迅在 1927 年 6 月 12 日给他回信，写道："我之'何时离粤'与'何之'问题，一时殊难说。我现在因为有国库券，还可取几文钱，所以住在这里，反正离开也不过寓沪，多一番应酬。我这十个月中，屡次升沉，看看人情世态，有趣极了。我现在已编好两部旧稿，整理出一部译的小说。此刻正在译一点日本人的论文，预备寄给你的，但日内未必完工，因为太长。每日吃鱼肝油，胖起来了，恐怕还要'可恶'几年哩。"

在广州的鲁迅，日子倒也逍遥。吃荔枝，龙牙形状的香蕉，偶尔还出门去做做名人，讲演或者题字，颇有一番闲趣。

中山大学将鲁迅五月的工资发了，整个五月，鲁迅均没有上班，但是因为他辞职学校没有批准，辞职书退了三次，鲁迅又送了三次。所以，学校颇想讽刺一下鲁迅，发工资给鲁迅，看看鲁迅的反应。鲁迅在给章廷谦的信里写到工资，很是调皮："中大送五月的薪水来，其中自然含有一点意思。但鲁迅已经'不好'，则收固不好，不收亦岂能好，我于是不发脾气，松松爽爽收下了。此举盖颇出于他们意料之外；而我则忽而大阔，买四十元一部之书，吃三块钱一合之饼干，还吃糯米糍（荔支），龙牙蕉，此二种甚佳，上海无有，绍原未吃，颇可惜。"

中山大学本来想给鲁迅一个尴尬，结果，鲁迅很高兴地接了工资，五百元钱，对于当时的生活，是挺阔气的。从购买力的角度上说，至少相当于现在的六万元人民币。于是他开始买平时不舍得吃的水果，一边吃一边不忘记赞美中山大学，这是中山大学送的。

还花四十元钱买了一套《太平御览》，那是一套颇为宏大的书，平时舍不得，这次终于可以不心疼地一次购下。

中山大学很奇怪，除了林语堂之外，几乎将厦门大学的国学院挖空了，鲁迅先来，孙伏园先在中大，而后去了武汉。后来到的，有丁山、容肇祖、顾颉刚、罗常培。看来，中山大学的校长朱家骅有厦门大学癖好。

鲁迅和孙伏园在芳草街开了一个北新书屋,主要是替上海的李小峰卖书,顺便也销售在北京的韦素园和李霁野们弄的未名丛书和《莽原》杂志。

　　有一些账目要对,还有一些书是新到来的,总要卖上一阵子,才能收拾。所以,鲁迅决定在广州再停留一阵子。给章廷谦寄去了新翻译的一段鹤见祐辅的《思想·山水·人物》中的一段,结果,章廷谦刚刚到岗位不久,便变化了,辞职不做了。

　　鲁迅只好写信给他,让章廷谦将自己的稿子转给杭州的《三五日报》的副刊编辑严既澄,因为,那是一份刚创刊的报纸,鲁迅接到过严既澄的约稿,却并没有寄过稿子给他。然而,章廷谦很快写信来,告诉了鲁迅先生一些《三五日报》的内情,鲁迅便作罢,将稿子发给了《语丝》。

　　七月下旬,鲁迅在广州市教育局做了著名的演讲:《魏晋风度及文章与药及酒之关系》。因为决定要将书店关了,所以,去书店的次数多了。

　　因为孙伏园到了武汉的《中央日报》编副刊,便发了鲁迅和他的通信,鲁迅在信里自然是大骂顾颉刚,于是顾颉刚便给尚在广州的鲁迅写了一封声讨信,信里要求他留在广州不要走,他要起诉鲁迅。鲁迅看到信以后很是快乐了一阵子,给章廷谦写信说:"鼻在杭盖已探得我八月中当离粤,今日得其来信,阅之不禁失笑,即作一复,给他小开玩笑。"

　　鲁迅即将关闭书店,所以,大多数人都知道,鲁迅要离开广州去上海了。再加上上海的李小峰也等着鲁迅前去主编《语丝》，大约也会散布一些言论。

然而，鲁迅却买不到船票。广州码头上有两种船，一是通往香港的招商局的船，再则是太古公司由广州直接到上海的船，然而，太古公司的工人正在罢工，所以，船开不了。如果坐招商局的船前往香港，再转折，鲁迅随行所带的书籍太多了，嫌麻烦。

1927年8月17日鲁迅写完信以后，一直等了一个月，也没有上得船来。太古公司的船于9月中旬复工了。鲁迅收到燕京大学张凤举的来信，邀请他去讲课，他回绝了。

1927年9月11日，《鲁迅日记》里载，"下午蒋径三来，同往艳芳照相，并邀广平"。要离开广州了，鲁迅和一个经常帮助自己整理资料的青年人合了一张照片，并自己也单独照一张相，因为李霁野写信给他说，有一个俄罗斯的女画家，想给鲁迅做一个雕塑，需要照片。

在9月19日晚上给翟永坤的信里，鲁迅写到了自己到上海以后的打算："我先到上海，无非想寻一点饭，但政、教两界，我想不涉足，因为实在外行，莫名其妙。也许翻译一点东西卖卖罢。"

这是鲁迅决定在上海做自由撰稿人的初始。9月27日，鲁迅先生终于买到了船票，这一次，他带上了许广平，开始了他们的蜜月行。

1927 年 11 月 16 日,赴光华大学演讲,摄于上海

三十　　我不在咖啡馆,也不在去咖啡馆的路上

　　1928 年的上海,咖啡馆真多啊。张资平开了一家"文艺咖啡馆",周全平开了一家"西门咖啡馆",作曲家田汉也开了一家咖啡馆,在咖啡店的广告里说:"训练懂文学趣味的女侍,使顾客既得好书,复得清谈小饮之乐。"

　　第一次看到《鲁迅全集》中的《革命咖啡店》一文时,我一下惊呆了。北京的单向街书店、光合作用、时尚廊、雨枫书馆的前身,原来便是 1920 年代的上海的翻版啊。

　　1928 年 8 月 8 日,哇,这个时间写出来,真有奥运会的感觉,是,就是这一天,上海《申报》登了一篇署名慎之的软广告文章,叫作《上海咖啡》,在文章里作者写道:"……但是读者们,我却发现了这样一家我们所理想的乐园,我一共去了两次,我在那里遇见了我们今日文艺界上的名人,龚冰庐,鲁迅,郁达夫等。并且认识了孟超,潘汉年,叶灵凤等,他们有的在那里高谈着他们的主张,有的在

那里默默沉思,我在那里领会到不少教益呢……"

就在 1928 年初,鲁迅刚刚遇到一个假鲁迅,在杭州的一个墓碑边上大写其诗,大抵是悼念苏曼殊的,可是文句不通,这颇让鲁迅生气,便找了许钦文和章廷谦去看看,结果这个人分不清鲁迅和周作人是两个人,一会儿说自己叫周作人,一会儿又说鲁迅是自己的笔名。章廷谦在回信里表达自己的意思,这个骗子,连吹牛都不大会,实在不值得他和许钦文去一趟。可是,鲁迅仍然认真地在上海的报纸上发表了一篇《在上海的鲁迅启事》。

于是,有一个左翼的革命文学家潘汉年看不下去了,他在《战线》周刊第一卷写了一篇《假鲁迅与真鲁迅》,挖苦鲁迅先生的认真:"那位少老先生,看中鲁迅的名字有如此魔力,所以在曼殊和尚坟旁M 女(士)面前,题下这个'鲁迅游杭吊老友'的玩意儿,现在上海的鲁迅偏偏来一个启事……这一来岂不是明明白白叫以后要乞教或见访的女士们,认清本店老牌,只此一家,并无分出了吗?"

这篇文章可谓恶意至极,鲁迅虽然以一个文学家的身份较真一个不知名的投机者,略显得计较,但被潘汉年一攻击,却成了"鲁迅先生给女粉丝的一封信",这话何其卑鄙啊。就像鲁迅在论述勇士时曾经说过:"譬如勇士,也战斗,也休息,也饮食,自然也性交,如果只取他末一点,画起像来,挂在妓院里,尊为性交大师,那当然也不能说是毫无根据的,然而,岂不冤哉!"

是啊,鲁迅在报纸上声明杭州的那个人不是我,他写的诗文理不通,结果就成了,鲁迅先生想泡妞。这实在是有些不雅致。

然而,这个不雅致的青年团体(主要是指创造社的一拨人),竟然在自己的咖啡店的广告里打出了:在这里可以遇到鲁迅和郁达夫。于是，郁达夫马上回击，写了一篇《革命广告》，说明自己并没有到咖啡馆里去当摆设，或者文艺女青年们的导师。是啊，当时郁达夫多忙啊，忙着和王映霞结婚。

在《语丝》周刊发表郁达夫文章的时候，鲁迅附在后面，也写了一点附记，和郁达夫一样，也声明自己既没有去咖啡馆，也没有去咖啡馆的打算。他在文章里这样写道："但我又有几句声明——就是：这样的咖啡店里，我没有上去过，那一位作者所'遇见'的，又是别一人。因为：一，我是不喝咖啡的，我总觉得这是洋大人所喝的东西（但这也许是我的'时代错误'），不喜欢，还是绿茶好。二，我要抄'小说旧闻'之类，无暇享受这样乐园的清福。三，这样的乐园，我是不敢上去的，革命文学家，要年青貌美，齿白唇红，如潘汉年叶灵凤辈，这才是天生的文豪，乐园的材料；如我者，在'战线'上就宣布过一条'满口黄牙'的罪状，到那里去高谈，岂不亵渎了'无产阶级文学'么？还有四，则即使我要上去，也怕走不到，至多，只能在店后门远处彷徨彷徨，嗅嗅咖啡渣的气息罢了。你看这里面不很有些在前线的文豪么，我却是'落伍者'，决不会坐在一屋子里的。"

噢，对了，"满口黄牙"也是别人攻击鲁迅的，大体是 1928 年 4 月份，一个笔名心光的作者写的一篇《鲁迅在上海》里的一句。

鲁迅自然也顺带着讽刺一下这位一边喝着咖啡，一边刷牙的无产阶级文学家。鲁迅先生自然是左翼的，可是看到这些幼稚的一阔绰就不知道自己该做什么的所谓的无产阶级文学家，便毫不客气地教训了他们一通：做人，不能太现代派了，一边贬低着鲁迅，一边又在《闲话》的封面上印着，看鲁迅作品的，应该看看梁实秋，实在是不大好。

一边学着资产阶级情调在那里喝咖啡,调教文艺女青年,一边又苦大仇深搞无产阶级文学,想想都觉得不合时宜。唉,这个世界,到处都是挂着左翼的头,买咖啡,算了,不去说了,还是和广平兄说说搬家的事情吧。

1928 年 3 月 16 日，鲁迅、许广平在景云里寓所。《良友》画报主编梁得所摄

三十一　《良友》画报主编镜头下的鲁迅

1928 年 2 月 25 日，鲁迅在日记里写道："司徒乔、梁得所来并赠《若草》一本。"大概两周以后，梁得所又来到鲁迅家里，为鲁迅拍了照片。

梁得所当年 22 岁，却已经顶替了周瘦鹃成了《良友》杂志的主编。要知道，当时的周瘦鹃是鸳鸯蝴蝶派作家的老大，还是当时鼎鼎大名的《申报·自由谈》的主编。然而，周瘦鹃到了《良友》之后，除了将礼拜六的小文人的稿子带过来开高昂的稿酬以外，很多工作依然需要老板伍联德亲自操办。所以，周瘦鹃的合同还没有到期，便被后来的年轻人梁得所抢了主编的饭碗。

1927 年 3 月，刚刚接手《良友》的梁得所，开始思考杂志接下来的办刊方向，他阅读新闻，知道北伐意味着什么。于是，他开始将选题扩大到社会、政治、文艺等各个领域，而不仅仅是鸳鸯蝴蝶。

1928 年 3 月，在鲁迅的插画作者司徒乔的介绍下，梁得所到鲁迅景云里的住处拜访了鲁迅，赠送了自己的作品,并约好了拍照的时间。1928 年 3 月 16 日,梁得所第二次来到鲁迅寓所,给鲁迅照了四张照片,横版而坐的有三张,站立的有一张。除此之外,还给许广平单独拍摄了一张。除了出版图书时必须放一张作者简略图以外,鲁迅平时并不喜欢在报章刊登自己的照片,一来觉得那太轻浮,二来对自己的模样不大自信。

当鲁迅翻到梁得所刚刚赠送的新一期《良友》画报时,看到里面的人物有司令员自述,风趣地对梁得所说:"这里面都是些总司令之流的名人,而我又不是名流哩!"

然而,终于,梁得所还是说动了鲁迅,在新一期的《良友》画报上,刊登了鲁迅的照片,鲁迅自己写的自传(这个好像是给自己的小说集外文版写的),还配了梁得所拍的鲁迅的照片,以及司徒乔为鲁迅画的画像。自然,还有梁得所自己写的一篇关于鲁迅的印象记。

这是《良友》画报第二十五期的内容。

当时的《良友》画报发行量颇大,在上海印行有三四万份,所以,那也是鲁迅先生在刊物上发表的读者能看到的最多的照片。

在梁得所主编期间,《良友》画报渐渐摆脱了鸳鸯蝴蝶派的脂粉气息,有了硬朗的好评。除了一些名家影像和自述,《良友》画报还常常有一些艺术气息浓郁的照片,比如第二十二期里,便有一组图片表现中国平民的日常生活,照片中的点心铺、馄饨担、代人写信的摊位、剃头挑子、十字路口的小菜市场,这一组照片被冠以"上海十字街头"发出以后,引起读者的好评。这种关注底层的做法,颇有左翼刊物的风格。

关于社会政治,《良友》画报也有图片的优势,曾经做过很多个专辑。比如第三十七期《良友》画报便推出了一个很重磅的选题——"五月的纪念日",将民国以来,所有发生在 5 月的大事件全部扫描、归纳,分别有:纪念"五一节""五三惨案""五四运动""五五孙中山就职纪念""五七袁世凯签订《二十一条》国耻日""五卅惨案纪念"等等。

《良友》画报后继的主编马国亮曾经写回忆录说:"纵观《良友》画报的历任主编,最具开创性和决定意义的应该是梁得所。"

梁得所在到《良友》画报之前是一个没有名气的文艺青年。1905 年,梁得所生于广东连县。他的父亲信仰基督教,是个牧师,这对他的英语学习多少有一些影响,梁的英语很好。中学时,梁得所和《良友》杂志的老板伍联德是同一个学校的,自然伍联德年级要高一些。后来梁得所去济南念医科,但因为志趣不在医生上面,便和鲁迅一样,弃医从了文。

在《良友》画报做了六年主编以后,二十八岁那年,梁得所离开,后来与友人黄式匡创办《大众画报》,成为《良友》画报的主要竞争对手。

再后来,梁得所又创办了《小说》半月刊等四种刊物。《小说》创刊于 1934 年 5 月,前面的两期是月刊,但为了应对当时的竞争,第三期起,改为了半月刊。

1934 年 7 月 4 日《鲁迅日记》里写道:上午得梁得所信并《小说》半月刊。这天,鲁迅所得到的便是新改版的《小说》半月刊。《小说》每一期都找著名的作家题字,鲁迅收到杂志后写了一首诗给梁得所:

明眸越女罢晨装,荇水荷风是旧乡。

唱尽新词欢不见,旱云如火扑晴江。

这首诗原本是鲁迅书赠日本友人森本清八的,共有两首,给《小说》只写了其一。

然而,十分让人哀婉的是,梁得所英年早逝,1938 年,才三十三岁的梁得所逝于家乡。

后来有人评价他是中国画报史上的奇才。是啊,他让我想起了因为鲁迅而丢了饭碗的孙伏园。

那真是一个才华均可得所发展的大舞台啊。

1930 年 1 月 4 日,海婴百日时的全家照。摄于上海

三十二　　意外到来的孩子:海婴

鲁迅先生的儿子周海婴七十岁的时候,为了纪念父亲,写了一本书,名字叫作《鲁迅与我七十年》,这本书的第一段话竟然是这样的:"我是意外降临于人世的。原因是母亲和父亲避孕失败。父亲和母亲商量要不要保留这个孩子,最后还是保留下来了。由于我母亲是高龄产妇,生产的时候很困难,拖了很长时间生不下来。医生问我父亲是保留大人还是要孩子,父亲的答复是留大人。这个回答的结果是大人孩子都留了下来。"

关于自己出生时的难产,周海婴自然是从母亲许广平的文章里看到的。早在 1939 年,许广平女士在回忆鲁迅时原来也写到过的:"一九二九年九月二十五日夜,鲁迅先生因为工作过度之后有些发热,但是仍然照常工作。到睡的时候已经不算早,他刚睡熟不久,正是二十六日晨三时,那腹中的小生命不安静起来了,有规律地阵痛预示了他的将要'来到人间',我忍耐着痛楚,咬住牙齿不使他惊醒，直到上午十时才告诉他，事情是再不能拖延下去了，冒着发热，他同我去办妥住医院的一切手续。从护士的口通知他马上要生产了，预备好了小床，浴盆，热水；一次又一次，除了回家吃饭，他没有片刻离开我……九月二十七日大清早，经过了二十七八小时的阵痛，狼狈不堪的，我看到医生来了，觉得似乎有些严重……终于赤红的小身体出来了，呱呱的哭声向这人间报了到。之后，鲁迅先生带着欣慰的口吻说：'是男的，怪不得这样可恶！'"

在这篇篇幅很长的《鲁迅先生与海婴》里，许广平回忆了难产时的许多细节，比如鲁迅扶着许广平的一条腿趴在床边睡了一夜。而当时，他感冒发热尚未好。

一天一夜，孩子也没有生出来，自然有危险。医生要用一个钳子将孩子夹出来，征求鲁迅的意见，是同意的。又问，如果有危险是保大人还是孩子，鲁迅不假思索地答：大人。

然而，孩子生下来以后，鲁迅却兴奋得像个孩子。

周建人去看海婴，鲁迅将孩子抱起来，让他看。其他朋友来看，鲁迅也是一样，将孩子抱起来，像展示自己的作品一样。有时候海婴睡着了，鲁迅也照旧抱出来给人看，孩子便醒了，大声哭闹一番。

有了孩子以后，鲁迅忽然多了很多家庭生活的热情，也不大看书写文章了，专心钻研做父亲这件事情。他一边大量地购买如何抚养孩子的书，一边买麦乳精一类的食品。他们没有任何经验，很是搞笑。比如，因为关于奶孩子的时间没有办法问医生，所以，一开始完全按照一本书上说的，两个小时喂孩子一次奶。书上说的不准确，这本书上说要哺乳五分钟，那本书上又说七分钟。可是现实的情况是，海婴吃了两口便睡着了，一分钟也没有坚持，鲁迅便呆板地按着书上说的,叫醒孩子让他继续吃,孩子便哭泣不停。还有更好玩的是,孩子吃饱了以后,睡着了,结果不到两个小时又饿了,醒了,鲁迅先生一看时间,说,还不够时间,不让孩子吃,结果,孩子便一直哭泣很长时间。

这种笨拙的办法大约坚持并不久,因为孩子老是吃不饱,所以,身体很坏,不久便患了感冒,鲁迅将海婴带给医生看。医生说,营养不良,孩子营养严重缺乏。

许广平听从医生的话,买了新鲜的牛奶,还有滋养糖、加粥的汤,然后不停地给孩子吃东西,孩子终于胖了一些。然而,鲁迅看书上的说明,可以给孩子洗澡,但又从没有看过医生做,所以,只凭想象。孩子敏感,水自然不能太热了,只能洗温水,可是,鲁迅用手试水温,试一下觉得水热,加些凉水觉得还热,怕烫到了孩子,可是,水温不热的时候,给海婴一洗身体,风一吹,海婴立即受凉,小脸冻得发青,又一次感冒了。

没有办法,到了医院,被医生一顿训斥。医生叫来医护人员,给海婴洗澡,在水里放了一个专用的水温计,水一凉便加热水。这样,海婴洗得很是舒适。自然,洗一次澡是要收取不少费用的。

后来,许广平自己也会给孩子洗澡了,可是,鲁迅不允许,他害怕孩子再病了,对许广平说:"还是让护士洗吧,我们洗病了,不是还要花更多的钱吗? 我多写两篇文章就好了。"

据许广平回忆说,鲁迅送她的礼物几乎全是书,一本一本,签上各式各样的名字,然而,生完海婴的第二天,鲁迅竟然给许广平买了一盆小盆景,是松树。鲁迅很喜欢自己买的礼物,绿色的,生机勃勃的,有些春天的意味。

许广平在医院里观察了几天,不时会有朋友来医院看望,当有人夸奖海婴长得像鲁迅的时候,鲁迅会很羞涩地说一句:"我没有他漂亮。"

鲁迅给海婴起的名字是个小名,因为他自己长大了便也是改了多次名字的,所以,他对许广平说:"因为是在上海生的,是个婴儿,就叫他海婴。这名字读起来颇悦耳,字也通俗,但却绝不会雷同。译成外国名字也简便,而且古时候的男人也有用婴字的,如果他大起来不高兴这个名字,自己随便改过也可以,横竖我也是自己在另起名字的,这个暂时用用也还好。"

然而,海婴也不过是一个学名,因为在医院里,护士称男婴都是为"弟弟"的,所以,在家里也是偶尔做弟弟的。有趣的是,海婴在家里还有另外的小名,是鲁迅先生送给他的,叫作小红象,因为他一生下来,全身红红的。不仅仅是这样称呼他,还唱给海婴听呢。是如何唱的呢,大体是有一个节奏的:

　　　　小红,小象,小红象

　　　　小象,红红,小象红

　　　　小象,小红,小红象

　　　　小红,小象,小红红

唱完以后,海婴便睡着了。

1930 年 8 月 6 日，上海漫谈会合影于上海功德林餐馆。前排左三为鲁
迅

三十三　众人皆睡而鲁迅独醒

1930 年 8 月 6 日，鲁迅在日记里写道："晴。上午往仁济堂买药。买米五十磅，五元九角；啤酒一打，二元九角。收诗荃所寄书两包五本，合泉十六元四角，又《左向》一本，《文学世界》三份。午后往夏期文艺讲习会讲演一小时。晚内山邀往漫谈会，在功德林照相并晚餐，共十八人。夜钦文及淑卿来，未见。"

日记里所描述的这张照片好玩得紧，上面有十八个人，鲁迅和郁达夫坐在一起，除了他们两个人睁着眼睛，其他的人都不约而同地闭了眼睛。

每一次看到鲁迅这一天的日记，我便想到了当下的文化名人的生活，也不过是 30 年代旧上海的翻版。上午在家里睡个懒觉，然后喝点小酒，下午去做演讲或者泡吧，晚上参加有偿的活动，或者像鲁迅这样，到一个书店里参加一个沙龙。

内山书店的漫谈会颇有规格，比如 1930 年 8 月 6 日晚上，参加的人有鲁迅、郁达夫、田汉、欧阳予倩、郑伯奇、山崎百治、神田喜一郎、泽村幸夫、内山完造等中国和日本文化艺术界的十八人。阵容颇为壮观，比我在北京期间参加的单向街、时尚廊、雨枫书馆等新书推广活动的沙龙名头要大多了。

这一年，鲁迅与内山完造交往特别多。这年3月，因为鲁迅发起中国自由大同盟，而被国民政府通缉，所以，3月下旬，他曾避难于内山书店一周。后来回到景云里住处后，鲁迅又发现被人跟踪，所以，鲁迅四处奔走着"看屋"，以图搬迁。在鲁迅1930年3月的日记里，涉及看屋的条目甚多，多是由柔石陪伴，又或者他自己没有力气去看了，给柔石一些盘缠，让他代为看屋。比如3月23日：午后柔石及三弟来，同往近处看屋，不得。下午广平来，未见。晚柔石来，同往老靶子路看屋，不佳。3月27日：往儿岛洋行问空屋，不得。3月28日：下午同柔石赴北四川路一带看屋，不得。3月29日：午后往齿科医院，除去齿槽骨少许。柔石及三弟来，同往蓬路看屋，不得。3月31日：下午同柔石往海宁路看屋。

几乎是天天看房子。

查日记可知，直到4月8日才在内山完造的介绍下，看好了北四川路一百九十四号的一个叫作"拉摩斯公寓"的地方，付了定金，四天后搬入。

从3月19日离寓，一直到4月12日搬入新居，鲁迅近一个月的时间里，一直在内山书店或者内山完造的家里居住，同内山完造关系可谓亲密。

内山书店的开设，是内山完造为了让妻子美喜子有些事情做。一开始仿佛只售一些基督教方面的专业书籍，后来，有一些顾客来这里让他们代为订购其他书,才将营业的范畴渐次扩大。书店最早的选址仿佛在上海四川路的魏盛里,面积只有十几平方米,后来,书店隔壁的房间也被书店占用了,才算正式了些。面积扩大以后,内山完造才辞去了工作,帮助打理书店。

内山完造是一个文艺爱好者,也喜欢代为文艺读者购买一些国内买不到的书籍,有时候,他也打听着日本国内有什么新书,便也会主动进上几本。

于是,一有新书,便会有一些文艺青年来书店里闲坐,甚至还会争执、讨论,内山完造也喜欢看着这些有理想的青年讨论,便准备好了沙发和点心,让他们安心地坐在那里翻书、议论。这便是内山书店"文艺漫谈会"的源头。内山书店的"文艺漫谈会"成为引起上海文艺青年注意的事情应该是在 1922 年。作家谷崎润一郎,在 1923 年发表的《上海见闻录》一文中就描述了他在内山书店的见闻:"除满洲以外,这个书店是在中国的日本书肆中最大的一个。书店里面的火炉四周摆着连椅和桌子。来买书的客人,可以边品茶边交谈——想必这个书店是喜爱书刊的人聚会的地方。"

鲁迅在日记里所写到的这个"漫谈会"已经有了八年的历史了。

鲁迅在日记里注释"漫谈会"这个词条时,这样写道:由内山完造邀请作家、新闻记者、画家、职员等参加,主要是漫谈当时政治、文艺等问题。

参加漫谈会的人不仅仅要谈论具体的文艺作品,还要谈论时政,这的确符合鲁迅的笔墨。在上海的十年,鲁迅除了回文学青年的信、编辑文学青年的稿子以及养儿子,便是批判中国现实。

鲁迅的议论,曾经像一堆火,不单点燃了那个年代文艺青年的希望,还给了他们光和温暖。

所以,当 1927 年鲁迅进入内山完造的视野内,便也将内山完造点燃了。上海的十年,和鲁迅交往最多的人应该便是内山完造了,几乎天天见面,甚至鲁迅先生逝世前最后一张字条,也是写给内山完造的,他们创造了一场战争下两个个体交往的传奇。

还好,内山完造并没有像无良的媒体所宣传的那样,是日本的间谍特务,要不然,鲁迅的帮凶的罪名,将永远也洗不清了。

史沫特莱女士

1930 年 9 月 17 日，史沫特莱为鲁迅五十岁摄

三十四　史沫特莱女士

　　前些日子看了一篇诋毁史沫特莱的文字，大抵是说她是共产国际某某的情妇，猜测加虚构，连史沫特莱幼时家境不好，都成为那篇文字的攻击内容，等等。野史写作失去伦理和底线，却也能吸引大量的阅读者。

　　最重要的是，那篇诬蔑史沫特莱的文字中，竟然凭空诬蔑鲁迅先生写过的"左联五烈士"，后来想，作者或许是 20 世纪五六十年代所写的。因为，他在文章里引用了苏雪林骂鲁迅的话。

　　然而，我们将历史翻到 1920 年代末，史沫特莱来到中国。她并没有选择和执政的国民党同流合污。如果说，当时她同情尚在萌芽期的左翼文化，那么，给当时腐败透顶的国民党唱赞歌，又该如何评价？这实在是一个难倒我的问题。

　　史沫特莱与鲁迅的结识，一开始是有些小心翼翼的，生怕受到这个著名的通缉犯的牵连，然而，最终她还是大着胆子伸出了自己的手。这无疑是对历史的一次押注。果然，她和埃德加·斯诺一样，押对了历史的筹码。

史沫特莱和鲁迅的交往不多，两个人未通过书信，《鲁迅日记》里倒是出现过几次她的名字，却也不像鲁迅先生的其他朋友一样，没有什么亲密的举止。

史沫特莱在回忆鲁迅时说到她和鲁迅一开始的相识，是缘于鲁迅先生五十岁的生日："一九三〇年中的一个炎热下午，一对当着教员的夫妇来拜访我，向我提出了两个要求：一，要我为一本新杂志写关于印度的文章并捐钱，那杂志名字叫'大道'，是专门研究亚洲被压迫民族的问题的；第二，要我去租用一家小型的西餐室，以便在那地方给鲁迅举行五十岁寿辰庆宴。鲁迅是一位伟大的作家，有些中国人称他为'中国高尔基'，可是依我看来，他实是中国的伏尔泰（Voltaire）。对于第一个请求，我立刻就答应了，但是第二个请求却正装满着危险，因为那天被请的一百个左右的男女正是'危险分子'的代表人物。我的朋友于是向我保证，说所有的客人都将口头邀请，并发誓保守秘密……"

从回忆文字可以看出，她并不十分勇敢地接近这个有通共嫌疑的左翼文人。她甚至还有些害怕，甚至设法拒绝为鲁迅找西餐厅办寿宴。

《鲁迅日记》第一次出现史沫特莱的名字是 1930 年 9 月 7 日，这一天，《鲁迅日记》是这样写的："下午三弟来。晚访史沫特列（莱）女士。"而十天以后，史沫特莱便在一个荷兰的西餐厅帮鲁迅办了五十岁的寿宴。

鲁迅现存的照片,有三幅是史沫特莱照的,拍摄日期便是1930年9月17日,这一天的《鲁迅日记》写道:"午后往杨律师寓取北新书局版税泉七百六十元,尚系五月分。友人为我在荷兰西菜室作五十岁纪念,晚与广平携海婴同往,席中共二十二人,夜归。"

这次的生日宴会是左联发起的,发起人大概有柔石、冯雪峰、冯乃超、董绍明、蔡咏裳和许广平等人。参加晚宴的还有叶圣陶、茅盾、傅东华等。至于史沫特莱回忆中所写到的一百人,是没有的。晚宴的程序也很简单,先由发起人柔石致祝寿词,然后又由左联各个团体的代表致辞,最后由史沫特莱致辞。鲁迅呢,也致了答谢词。

这一天照的照片,过了两天便洗好了。鲁迅挨个送人。包括拍摄者史沫特莱。

没有过多久,鲁迅便和史沫特莱以及茅盾合作,共同编辑一本《凯绥·珂勒惠支版画集》,先是茅盾和史沫特莱像特务一样在某个街角接头,然后走到鲁迅所住的街道的十字路口,看看身后是不是有人追踪,然后再决定是不是要去鲁迅的住处。他们三个有时候会到鲁迅住处附近的小饭馆吃饭,边吃饭还要边讨论图书的事。

当时,高尔基邀请鲁迅到苏联去住两年,作为高尔基的私人宾客。鲁迅拒绝了,他对史沫特莱说:"如果我这样做的话,国民党一定会向全中国狂叫,看,他收受莫斯科的卢布了。"

1930年底,鲁迅和柔石一起去看望史沫特莱,那是去送她,她要去菲律宾了。然而,等到三个月后,史沫特莱回到上海,送她上船的柔石已经被杀害。和柔石一起遇害的,有二十四个左翼的年轻人,分别是作家记者或者演员,他们被迫挖好自己的墓穴,然后被活活埋了。其中,柔石就是被活埋的。

史沫特莱到上海后便听到了这个消息,她第一时间跑到鲁迅家里,看到了正在生病却仍然有激情的鲁迅。鲁迅将他刚刚写好的那篇《为了忘却的纪念》一文的草稿递给史沫特莱,说:"这便是我在他们被杀的那天晚上写的一篇文章,我称它为《写于深夜里》,你把它译成英文设法在国外刊出罢。"

史沫特莱看完文章以后,对鲁迅说,如果我翻译出去,发表了,你可能有生命危险。

鲁迅说:"这有什么关系? 必须有人出来说话啊!"

那天晚上,鲁迅和史沫特莱共同草拟了一个宣言,是对国际社会的,向世界各国公布中国国民党政府杀害进步的作家和艺术家的事实。这篇宣言在国外发表以后,马上引起了国际社会的注意,美国五十多个作家一致抗议中国政府对作家的杀害。

这便是史沫特莱对鲁迅的帮助。

1930 年 9 月 25 日，"海婴与鲁迅　一岁与五十"

1930 年 9 月 25 日，鲁迅五十岁生辰照

三十五　　五十岁与一岁

　　周作人五十岁生日时，作了两首打油诗，发表
在林语堂编辑的刊物《人间世》上，一时间引得无
数骚人相唱和，唱和者多是有身份的人，比如蔡元
培、胡适、林语堂、钱玄同、郑振铎、刘半农等，纷纷
步韵和诗，一时热闹非常。然而，也有挑剔周作人
的，比如一个笔名叫"巴人"的后生，他在和诗里讽
刺周作人的闲适和抱团取暖。周作人两首打油诗
各是八句，第一首的前四句格外著名，我录在这
里："前世出家今在家，不将袍子换袈裟。街头终
日听谈鬼，窗下通年学画蛇。"而巴人绝妙的唱和
非常后现代："几个无聊的作家，洋服也妄充袈裟。
大家拍马吹牛屁，直教龟兔笑蟹蛇。"如果说诗歌
的堕落在当下表现为偶尔会出现乱打回车键的
"梨花体"和口水十分的"羊羔体"，那么，在 1930
年代对周作人打油诗的抨击的这几句诗，大体可
以叫作"酱油体"。当时，在上海的鲁迅看到了这
些左翼的青年对周作人的攻击，却并没有坚持自

己的"左倾",而是声援了一下周作人,他在 1934 年 4 月 30 日写给曹聚仁的私人信件中,表达了如下意见:"周作人自寿诗,诚有讽世之意,然此种微辞,已为今之青年所不懂,群公相和,则多近肉麻,于是火上添油,遂成众矢之的;而不作此等攻击文字,此外近日亦无可言。此亦'古已有之',文人美女,必负亡国之责,近似亦有人觉国之将亡,已有卸责于清流或舆论矣。"鲁迅这最后一句,是替周作人喊冤的,而周作人也是领了情的,当然,是在鲁迅逝世多年以后。

关于周作人的五十岁生日,以及他的"自寿诗",我常常想起鲁迅五十岁生日的时候,他被一群左翼的青年作家围在中央,视为精神领袖,并让美国记者在荷兰西餐厅举行了规模颇大的生日宴会。恐怕,这个动静比起两首自况的诗句还要传得遥远些。

然而这次规模庞大的生日宴会开完以后,鲁迅又在自己家里过了一次生日,1930 年 9 月 24 日的日记里,鲁迅记道:"今日为阴历八月初三日,予五十岁生辰,晚广平治面见饷。"这种庆生的方式倒是北方的,吃一碗长寿面。这大概也和鲁迅在北京生活多年有关系。

第二天,即 1930 年 9 月 25 日,午饭后,按照预约,鲁迅同广平携海婴往阳春堂照相,因为鲁迅和海婴的生日只相差两天,所以,先拍了生日纪念照片。这便是那张著名的"五十岁与一岁"的照片。

海婴的生日照例又是吃长寿面,因为是孩子过生日,总会收到一些玩具和礼物,所以,鲁迅那天特地叫上了冯雪峰、柔石和周建人,一起喝了一些酒,热闹了一下。

鲁迅呢,将刚刚洗出来的照片给几个人看。海婴的生日,鲁迅收了柔石送给海婴的一个绒布做的小熊，周建人送了两件衣服，以及其他朋友的一些礼物。

没有遇到许广平之前，鲁迅骨子里是一个悲观主义者；而遇到许广平之后，生活有了力气，便也转悲为喜了。是啊，在他给许广平的信里，鲁迅早已经大声喊过：我可以爱。

五十岁的时候，鲁迅有了孩子，这是一种多么好的礼物。在中国人的传统观念里，孩子是自己生命的延伸。所以，鲁迅也不例外，有了海婴以后，鲁迅简直高兴得有些不知所措，不但常常做出一些荒诞可笑的事情来，甚至不择时间地说海婴的事情。

郁达夫在回忆鲁迅的时候，曾经特别记得鲁迅有一次非常开怀地笑的情形，大意是鲁迅从楼梯上下来，一边笑一边说，海婴这小鬼问我什么时候死啊，他的意思是你快些死吧，这样我就可以任意在你的书房里捣乱了。

不仅仅是别人的回忆录，许广平的回忆文字里也大量写到这些，比如鲁迅在孩子刚出生不久，特别喜欢向前来探望的朋友炫耀海婴长得好看，有时候海婴在楼上睡着，只要是客人提出来要看，他也会轻手轻脚从楼上将海婴抱出来给人看。总之是要听到对方的赞美，才满意地将海婴送回去继续睡觉。

鲁迅的母亲特别想念海婴，鲁迅会在信里不停地解释海婴的事情，他的话只要牵涉到海婴，都是充满了孩子气的，比如有一封给母亲的信里，鲁迅写道："他大约已认识了二百字，曾对男说，你如果字写不出来了，只要问我就是。"

许广平在回忆鲁迅与海婴时,这样写道:"每年至少有一次,在海婴生日那天,我们留给他作纪念的礼物,就是同他到照相馆去拍照,有时是他单独拍,有时是三个人同拍,值得纪念的照相有三张,一张是海婴半周岁时,鲁迅先生特从逃难处走到外面,一同到照相馆,由他蹲着以双手支持海婴的立像,另一张是他五十岁,海婴周岁时,他抱着海婴照了之后,亲自题了两句诗:'海婴与鲁迅,一岁与五十。'他题好之后,自己说:'这两句译成外国文,读起来也很好的。'"

　　一张照片上的说明,他也想译到国外,印成书去,可见,鲁迅先生是预计多活一些年月,好给海婴好好写一本书。

　　真可惜。

1931 年 4 月 20 日，鲁迅全家与冯雪峰全家合影于上海

三十六　冯雪峰的是与非

　　和鲁迅亲近的年轻人有很多,比如前期的孙伏园、章川岛、韦素园等人,后期的萧军、萧红、胡风、冯雪峰等人。

　　冯雪峰和鲁迅的关系非常亲近,除了思想意义上的亲近之外,还有生活意义上的。冯雪峰经常住在鲁迅先生家里。冯雪峰从不拍鲁迅先生的马屁,他喜欢鲁迅,认同鲁迅,亲近他,却并不盲目崇拜他。

　　正由于此,冯雪峰将鲁迅渐渐拉到共产党的阵营里。

　　冯雪峰和鲁迅交往的美好,在许广平回忆录里,是有一些记载的,比如许广平在《鲁迅与青年们》里,曾经写道:"这青年有过多的热血,有勇猛的锐气,几乎样样都想来一下,行不通了,立刻改变,重新再做,从来好像没见他灰心过。有时候听听他们谈话,觉得真有趣。F说:'先生,你可以这样这样的做。'先生说:'不行,这样我办不到。'F

又说:'先生,你可以做那样。'先生说:'似乎也不大好。'F说:'先生,你就试试看吧。'先生说:'姑且试试也可以。'于是韧的比赛,F目的达到了。"这一段文字里的"F"便是冯雪峰。

冯雪峰1903年6月出生于浙江义乌的一个小山村里,虽然家境贫寒,却自幼喜欢读书,他考上杭州浙江省立第一师范学校后,和自己的同学潘漠华、赵平福(柔石)、汪静之、魏金枝等人成立了青年文学社——晨光社。1925年,春天,冯雪峰到北京后,曾在北京大学做过旁听生,专门听鲁迅先生的课。

早在1926年8月,冯雪峰便拜访过鲁迅,可是,当时时局动荡,鲁迅正忙着和许广平谈恋爱,还要去厦门大学任教,所以,对冯雪峰请求帮助推荐出版杂志的事情没有放在心上。冯雪峰听说过鲁迅喜欢帮助年轻人推荐出版杂志,他正好也想和几个朋友编辑一本,结果鲁迅一口回绝,说李小峰恐怕不想再出版刊物了吧。

直到1928年12月的一天,鲁迅在柔石的介绍下,又一次结识了冯雪峰,才开始了正式的交往。

1928年9月,创造社、太阳社的一些年轻人开始猛烈攻击鲁迅。这个时候,刚到上海不久的冯雪峰写了一篇为鲁迅解围的文章,标题叫作《革命与知识阶级》,直接将鲁迅拉到了"革命的友方"。反过来,在文章里,冯雪峰批评创造社的某些人是在搞"小团体主义",借排斥他人的机会来抬高自己。是政治幼稚,是对革命的毒害。

然而,这篇文章的中立,并没有给鲁迅带来好感。当时,柔石推荐冯雪峰的文章给鲁迅看时,鲁迅说:"这个人,大抵也是创造社一派!"柔石便百般地解释冯雪峰是如何如何在私下里维护鲁迅,鲁迅想起当年在北京大学的学生魏建功来,想着,一个听过自己课的学生,终是想亲近自己的,他偏偏又不喜欢无端地被人来亲近,所以,想想,就没有再说出什么疏远的话来。1928 年 12 月,冯雪峰在柔石的带领下拜访了鲁迅,第二年的春节刚过,冯雪峰便搬进了鲁迅的对面,住在茅盾的三楼。

住在鲁迅家对面,便有了常来常往,许广平在回忆文字里写过这样的场景,说冯雪峰站在阳台上便可以看到鲁迅客厅里是不是有客人,如果没有客人,他便下楼敲门,来找鲁迅聊天。

在许广平的描述里,冯雪峰颇有主见,思想也激进活泼,和鲁迅先生讨论问题时,他自己也准备得很充分,常常会因为某个问题和鲁迅先生发生争执,且并不退让。这大概都是让鲁迅先生欣赏的一面吧。

正是因为冯雪峰的缘故,鲁迅渐渐地从同情共产党,到参加共产党发起的一些组织。比如鲁迅先生参与并发起了中国自由运动大同盟,之后不久,还参加了左联。包括鲁迅与瞿秋白的相识,也是经了冯雪峰的介绍。瞿秋白死后,鲁迅痛念之至,费尽心力地编辑瞿秋白的书,还专门央求内山完造拿到日本去印刷。

鲁迅去世以后,冯雪峰做了大量的工作。但是随着新中国成立以后"反右派斗争"以及"文革",冯雪峰的人生起伏不定,他替鲁迅做了很多事情,却全根据需要被安插在了鲁迅的头上。这些事情一直到当下仍然没有得到证实。

然而,作为一个热爱鲁迅的阅读者,我这些年阅读了大量的关于鲁迅的回忆文字,新中国成立以后造假的非常之多。但是,那些回忆并不能影响鲁迅的基本形象，而冯雪峰的回忆却可能直接影响鲁迅的形象，比如，鲁迅给红军发电报一事。

鲁迅去世以后，鲁迅的影响何其大，为何在他影响最大的时候，鲁迅给红军发电报，没有任何报道，而在多年以后，才又有人佐证，鲁迅发了电报呢？

除此之外，还有鲁迅给毛主席送火腿的事情。这些事情，更是被反复证实，可是找遍鲁迅去世之前的书信日记，都没有关于这件事情的任何记录，甚至，连影子都没有一点儿。

在鲁迅生前，冯雪峰的确代笔过几篇文稿，但那些都是经过鲁迅过目，或者同意的，比如那篇著名的《对于左翼作家联盟的意见》就是冯雪峰根据鲁迅的发言记录整理而成的，鲁迅过目后，同意发表的。还有那篇《答徐懋庸并关于抗日统一战线问题》也是冯雪峰起草的，但是鲁迅在病中做了大量的修改，才发表的。至于那篇《答托洛斯基派的信》，鲁迅先生当时已经没有力量坐起来改稿子，便是由冯雪峰一句一句读给鲁迅听，没有意见才发表的。

而后来的事情，便无法征得长眠地下的鲁迅的意见了。

尽管如此，冯雪峰所主编的《鲁迅全集》，仍然是诸多鲁迅全集里版本最好的一个。这一版的《鲁迅全集》，冯雪峰邀请了王士菁、杨霁云、林辰等人分头对全集中的文与事做了比较全面翔实的注释。而且，这也是《鲁迅全集》第一次有了注释的版本。这套全集从1956年开始出版，历时两年才出版齐全，当时共编辑了十卷，没有将鲁迅翻译的文字和辑录的古籍列入，这样的编辑体例一直保持到今天。可是，这套全集中的注释，在"文革"的时候，被文字狱爱好者找到了不少的"政治问题",最后,伟大而正确的鲁迅的全集,便公然地"被禁止销售"了。最有趣味的是,1972年尼克松访华,周恩来想要把《鲁迅全集》当作礼物送给这位新中国成立以后第一位正式来访问的美国总统时,可是被下属告知,冯雪峰主编的那套《鲁迅全集》因为注释有"政治问题"而不能使用。紧急情况下,周恩来只好让人从鲁迅博物馆里找来了一套极具收藏价值的旧版全集,那是1938年的版本。

回忆鲁迅的资料中,新中国成立以后均有少许的水分,然而,冯雪峰的水分却是最大的,据说,1952年8月,冯雪峰的《回忆鲁迅》出版,冯雪峰立即呈给国家领导人阅读,结果,关于鲁迅与国家领导人交往的部分,被认为"水分太多了"。

正是这些水分,让我们本来该知道的鲁迅始终端坐在历史的高处,横眉冷对,其实,那也不过是鲁迅的一个层面。正如鲁迅先生比喻过的一样,把一个人的一面当作全部来供奉起来,岂不怪哉。

1931 年 7 月 31 日,鲁迅全家摄于福井写真馆

三十七　　给母亲的照片

　　鲁迅在《为了忘却的纪念》一文中写了这样两段文字：

　　"明日书店要出一种期刊，请柔石去做编辑，他答应了；书店还想印我的译著，托他来问版税的办法，我便将我和北新书局所订的合同，抄了一份交给他，他向衣袋里一塞，匆匆的走了。其时是一九三一年一月十六日的夜间，而不料这一去，竟就是我和他相见的末一回，竟就是我们的永诀。第二天，他就在一个会场上被捕了，衣袋里还藏着我那印书的合同，听说官厅因此正在找寻我。印书的合同，是明明白白的，但我不愿意到那些不明不白的地方去辩解。记得《说岳全传》里讲过一个高僧，当追捕的差役刚到寺门之前，他就'坐化'了，还留下什么'何立从东来，我向西方走'的偈子。这是奴隶所幻想的脱离苦海的惟一的好方法，'剑侠'盼不到，最自在的惟此而已。我不是高僧，没有涅槃的自由，却还有生之留恋，我于是就逃走。

"这一夜，我烧掉了朋友们的旧信札，就和女人抱着孩子走在一个客栈里。不几天，即听得外面纷纷传我被捕，或是被杀了，柔石的消息却很少。有的说，他曾经被巡捕带到明日书店里，问是否是编辑；有的说，他曾经被巡捕带往北新书局去，问是否是柔石，手上上了铐，可见案情是重的。但怎样的案情，却谁也不明白。"

这是鲁迅在纪念左联五位牺牲的作家中柔石的文字中的一个小片段。这段文字说明了两个事实，其一是柔石死了，其二是，因为左联五人的死，开始有假新闻传出，说是鲁迅也被捕了。

正是因为柔石的死，鲁迅不得不搬出公寓到了上海黄陆路去避难。然而，1931年1月20日，上海的《社会日报》刊登了一则署名"密探"的社会新闻，新闻说有一个作家写了一本《呐喊》，发行六七万册，被捕了。

小报一出，立即引起社会的广泛关注。鲁迅的朋友许寿裳第一时间托人去找鲁迅，结果，鲁迅搬离后，亲朋好友找不到他，一时间便乱了阵脚。尤以许寿裳为最。

然而，1931年1月21日，许寿裳收到鲁迅一封"充满了密码"的信件，内容我录下："季黻吾兄左右：昨至宝隆医院看索士兄病，则已不在院中，据云，大约改入别一病院，而不知其名。拟访其弟询之，当知详细，但尚未暇也。近日浙江亲友有传病笃或已死者，恐即因出院之故。恐兄亦闻此讹言，为之黯然，故特此奉白。此布，即请道安。弟令斐顿首一月二十一日。"

此信大约是怕当时的国民党特务机关检查，所以全文均用了暗语，信里的"索士"和"令斐"均是鲁迅用过的名字，许寿裳一看便知，是鲁迅写给自己的。而"已不在院中，据云，大约改入别一病院"，则明确告知许寿裳他暂时搬离住所了，并没有死。

鲁迅不久给上海的李小峰和北京的韦素园均写了信，说明此报道是谣言。

因为上海的报纸报道过的第二天，天津的《大公报》也做了报道，而且大标题更为引人：《鲁迅在沪被捕，现拘押捕房》。《大公报》的影响大些。当年的 2 月初，远在日本的李秉中听说了此消息，给上海的周建人写信，求证此事。鲁迅先生立即回了信件说明。鲁迅的信件很是活泼，亦值得抄录一段："近数年来，上海群小，一面于报章及口头盛造我之谣言，一面又时有口传，云当局正在索我甚急云云。今观兄所述友人之言，则似固未尝专心致志，欲得而甘心也。此间似有一群人，在造空气以图构谄或自快。但此辈为谁，则无从查考。或者上海记者，性质固如此耳。又闻天津某报曾载我'已经刑讯'，亦颇动旧友之愤。又另有一报，云我之被捕，乃因为'红军领袖'之故云。"

报道鲁迅是红军领袖的报纸名称是天津的《益世报》，曾经连续生造鲁迅的新闻，以换得发行量的上升。

然而，正是在这样的背景下，这年夏天，鲁迅携着海婴和许广平一家三口到福井写真馆拍了一张全家福。鲁迅在 1931 年 7 月 28 日的日记里写道："午后得张子长信，即复。下午同广平携海婴往福井写真馆照相。"然而，这一次照相却并没有成功，大约是在暗房里没有洗成功，所以，照相馆老板打电话告诉鲁迅，于 7 月 31 日又拍了一次。

这张照片是专门用来寄给鲁迅的母亲鲁瑞的。查看日记，便知,1931 年 8 月 8 日,也就是拍照一周后,照片仍然没有洗出来,鲁迅只好先写了家信给母亲。8 月 11 日照片洗出来了,鲁迅便给母亲寄出。日记里这样写道:"上午以海婴照片寄母亲。"

母亲收到了大欢喜,马上给鲁迅写了回信。8 月 17 日,鲁迅在日记里写道:"下午得母亲信二封,十三及十四日发。"

至此,挂念儿子和孙子的老太太终于放下心来。

1931 年 8 月 22 日，鲁迅与木刻青年讲习会会员合影于上海

三十八　　木刻青年

　　鲁迅先生喜欢美术，在他的回忆文字里写到过。在《从百草园到三味书屋》这篇回忆文字的末尾一段，鲁迅写道："先生读书入神的时候，于我们是很相宜的。有几个便用纸糊的盔甲套在指甲上做戏。我是画画儿，用一种叫作'荆川纸'的，蒙在小说的绣像上一个个描下来，象习字时候的影写一样。读的书多起来，画的画也多起来；书没有读成，画的成绩却不少了，最成片断的是《荡寇志》和《西游记》的绣像，都有一大本。后来，因为要钱用，卖给一个有钱的同窗了。他的父亲是开锡箔店的；听说现在自己已经做了店主，而且快要升到绅士的地位了。这东西早已没有了罢。"

　　正是因为幼年时这些临摹绘画的小动作，一直影响着鲁迅的审美。

　　1912 年，刚刚到教育部不久，鲁迅便任美术调查处的负责人，在当年的初夏，还在美术讲习所上讲过《美术略论》的讲座。

1914 年 5 月，在教育部社会教育司第一科任科长的鲁迅，和陈师曾等人一起，策划了全国儿童艺术展览会。

鲁迅真正喜欢上木刻是到了上海以后的事情，他常常去内山书店找一些木版画方面的书籍来买。1930 年的时候，内山书店的老板内山完造看他这么用心收藏木刻画，便向他建议，办一个木刻画的展览。鲁迅很是赞成，十分认真地将他自己收藏的木刻画装裱进木画框里，然后编上号码，并用中文、英文、日文三种文字注释。

1931 年，内山完造最小的弟弟内山嘉吉到了上海，他是一位工艺美术老师，自然有美术方面的修养，鲁迅和他很有话说，一来二去便熟悉了。当时鲁迅正好和一八艺社的一些青年熟悉，知道他们也是苦于资料不齐全，便想请内山嘉吉给这些刻苦的木刻青年开一个讲座。内山嘉吉高兴地应承下来了，于是内山完造提供地点，就在内山完造的日语学会，内山嘉吉主讲木刻的一些入门的基本知识，由鲁迅担任翻译。内山完造在回忆鲁迅的文字里曾经写过这样一段话："事情进行得很顺利，把我办的日语学会作为会场，由鲁迅先生担任翻译，给一八艺社的人办了短短一周时间的木刻讲习会。中国新木刻对现代中国艺术具有划时代意义，它就是从这里发端的。"

而这次主讲的内山嘉吉也因为鲁迅的邀请，多在上海停留了几日，而结识了他的妻子，并在上海举行了很特殊的婚礼。鲁迅和郁达夫都参加了。

1931 年 8 月中旬，鲁迅和内山嘉吉商定后，确定日期为 17 日到 22 日，每天上午由内山嘉吉讲授木刻的知识，鲁迅任翻译。鲁迅每天都会随手提着一大包木版画方面的书籍和图片来给学员们传阅。当时来听课的学生一共有 13 人，其中一八艺社 6 人，中华艺专、上海美专 4 人,白鹅绘画会 3 人。

讲习会结束后,全体会员合影留念。后来一八艺社的学生们赠送给了鲁迅一张,所以留传了下来。照片上的人的名字自左起,分别是:钟步清、邓启凡、苗勃然、乐以钧、黄山定、顾洪干、李岫石、郑洛耶、胡仲民、江丰、鲁迅、陈铁耕、内山嘉吉、倪焕之、陈卓坤。

内山完造在《花甲录》里,还写了这样一段话,来总结鲁迅对木刻青年的帮助:"鲁迅先生为木刻的普及尽了自己的努力。鲁迅先生在中国文化运动中所倡导的木刻运动是一个很有价值的运动。它实际上包括两个方面:一方面争取普及苏联和德国的木刻;另一方面痛惜本国传统木刻的日益衰落,倾注精力予以保护。具体地说,一方面出版《引玉集》《凯绥·珂勒惠支版画选集》《士敏土之图》《木刻纪程》等,以资新木刻的普及;同时出版《北平笺谱》《十竹斋笺谱》等。"

鲁迅先生和内山完造举行的木刻展览会尽管不是十分成功,然而,鲁迅先生还是坚持举办了三届,一次比一次好。最后一次的木刻展览,因为改名字叫作"世界木刻画展览"而大获成功。内山完造在回忆录写道,不论木刻画展览的情形如何差,鲁迅也从来没有向他说过一次不办了吧。

1932 年 11 月 27 日，鲁迅在北师大演讲

三十九　　北平五讲之北师大的演讲

要先录一段钱玄同回忆鲁迅的话："十八年五月，他到北平来过一次，因幼渔的介绍，他于二十六日到孔德学校访隅卿（隅卿那时是孔德学校的校务主任），要看孔德学校收藏的旧小说。我也在隅卿那边谈天，看见他的名片还是'周树人'三字，因笑问他，'原来你还是用三个字的名片，不用两个字的'。我意谓其不用'鲁迅'也。他说，'我的名片总是三个字的，没有两个字的，也没有四个字的'。他所谓四个字的，大概是指疑古玄同吧！我那时喜效古法，缀'号'于'名'上，朋友们往往要开玩笑，说我改姓'疑古'，其实我也没有这四个字的名片。他自从说过这句话之后，就不再与我谈话了，我当时觉得有些古怪，就走了出去。后来看见他在《两地书》中说到这事，把'钱玄同'改为'金立因'，说'往孔德学校，去看旧书，遇金立因，胖滑有加，唠叨如故，时光可惜，默不与谈'，我想，'胖滑有加'似乎不能算做罪名，他所讨厌的大概是唠叨如故吧。"

钱玄同是鲁迅人生中的一个关键词,如若不是钱玄同的催促,那么便没有《狂人日记》这部中国白话小说的开山之作。到了1931年11月,因为鲁母病重,鲁迅回北京探病,并在北京大学、北京师范大学等五所学校进行了著名的"北平五讲"。这一次,鲁迅和钱玄同没有碰面,然而,却有人在记录鲁迅的演讲时说到了一件趣事。回忆的作者叫作潘炳皋,他的这篇文章是《鲁迅先生访问记》,作者写道:"从《华盖集》上知道他是住在西城的一个角落里;但是不知确切的住址。后来在一个同乡的地方才知道了他的住址,他说如果去访问的时候,顶好请钱玄同先生写一封介绍信,因为他们还很好,不然恐怕见不到。第二天的早晨,我就和钱先生打电话,一天也没有打通。别的同学打通了,他说钱先生不请,钱先生说我和鲁迅没有交情,他净骂人,你们要请,你们就自己请去,我也不拦阻。想不到鲁迅先生和北平文化界的关系这样坏,这也是先生的杂感使之也。第三天的下午,经师大文艺研究社执委会的通过,我和志之、永年就决定要访问先生了。"

潘炳皋的这篇文字发表在1932年的《北国月刊》上,在这篇访问记里,潘炳皋记录得非常详细,比如问到鲁迅为何不留在北京教书,问到鲁迅先生在上海的收入,北新书局欠鲁迅的稿酬结清了吗,还问到丁玲的写作如何,郑振铎新出版的文学史如何评价,等等。这篇回忆文字非常可信,因为,它并没有在新中国成立后引起注意,所以,也没有被修改。

同样记录鲁迅在北平进行演讲的陆万美,因为写作时间的关系,做了大量的修改,回忆文字中加了太多的水分,而导致我们阅读时不知该如何剪裁。

1931 年 11 月 25 日，鲁迅在日记里写道："晚师范大学代表三人来邀演讲，约以星期日。"

在此之前，鲁迅已经在北京大学、辅仁大学和女子文理学院进行过三次演说，而且还拒绝了清华大学朱自清的演讲邀请。此时，鲁迅的本意大抵是不想再演讲了，但是，他总是喜欢多和青年人交流，所以没有拂了邀请者的好意。

日记里的代表三人，后来查回忆录便可以知道，分别是王志之、潘炳皋和张永年。

陆万美有一篇颇长的文字回忆鲁迅的北平五讲，名字叫作《追记鲁迅先生的"北平五讲"前后》，这篇文章初稿写于 1951 年，定稿修改于 1978 年，所以，在这篇文章里，陆万美写作不尊重历史真实，随便摘录一段，便可知道："每次演讲，实际都是一次包含着很大危险因素的斗争。大家明明估计到：国民党反动派正在策划着各种破坏活动，而在这种公开的混乱的群众场合，发生意外的可能性更大，谁也不敢肯定能妥保先生的安全。但群众的要求很热烈很迫切，同时也深信：先生能和群众见面，讲一次话，必将发生巨大的政治影响。"

在这篇文字的前引中，陆万美更是用了夸张和联想的手法来写："鲁迅先生这一次到了北京，反动派更是如临大敌般地紧张起来，便衣特务四出（处）活动，秘密监视先生，进行各种阴谋破坏。在师范大学讲话的一天，曾传说特务已经布置了要加害先生，后来他们虽然不敢下手，但那天会场上横眉竖眼的人确是不少，讲演完了也确在大门口逮捕了好几个听讲的青年。"

而这一天参加听讲和组织听讲的其他人员的回忆,却并没有这样夸张的记录,比如王志之,他是三个邀请鲁迅去北师大的人之一,他在回忆鲁迅的文字里介绍了学生们对于鲁迅先生的热烈追捧,听不到鲁迅的讲话,便要求鲁迅从教室里转移到学生操场上,还让鲁迅站在一张桌子上。

　　如果真是出于保护鲁迅的安全,能让演讲的人站在一张桌子上吗? 这样的逻辑显然是不通的。

　　有一个当时在北方左联工作的于伶,也写过"北平五讲"的回忆文字,她写道:"这是鲁迅先生的在北平的第四回讲演。时间是十一月二十七日下午二时。师范大学门口贴有公布鲁迅先生演讲的大通告。所有过道的转弯抹角处,都贴有画着走向大操场的手指或箭头。大操场挤满了站着听讲的人群。到迟了的只能站得远远的,仰望着鲁迅先生了。鲁迅先生兀立在一张方桌子上讲话。当时还没有传声扩音的话筒与喇叭这样的电气化设备。先生为了要让四周的几千人尽可能听得到,真是大声疾呼了。"

　　于伶补充了王志之的文字,并说明,到操场上演讲也是提前就设计好了的,因为早已经贴出了引路的标志。和我们现在能看到的照片中的鲁迅先生一样,他的确是站在一张方桌子上的。那么,如果有危险,怎么能大张旗鼓地公布预告,又让一个有危险的大作家站到桌子上呢?

　　其实,据朱正先生考证,1931 年,当时执政北平的正是张学良的部队,他非常开明,并不执行蒋介石的所有政策,直到后来被蒋介石排挤,甚至下野。而不论如何,张学良时期的北平,绝不会像陆万美所说的,鲁迅做一个演讲身边都会布满了国民党反动派。

这实在是扰乱阅读视听的回忆录,不好。

　　1933 年 2 月 17 日,中国民权保障同盟总会欢迎萧伯纳来华时于上海孙

中山故居合影。左起:史沫特莱、萧伯纳、宋庆龄、蔡元培、伊罗生、林语堂、

鲁迅

四十　鲁迅和林语堂的酒桌翻脸

　　鲁迅与林语堂的交往颇多。两个人关系最好的时候，是林语堂 1926 年任厦门大学文科学长时邀请鲁迅至厦门大学任教。此后一直交往甚洽。《两地书》中，便有鲁迅对林语堂的议论多处，多是从友谊的角度谈及，笔触也多是温暖的。

　　然而，寓居上海以后，因为文学观念的差异，两人的交往疏远。鲁迅在 1929 年 8 月 28 日的日记里记载："晚霁。小峰并送来纸版，由达夫、矛尘作证，计算收回费用五百四十八元五角。同赴南云楼晚餐，席上又有杨骚、语堂及其夫、衣萍、曙天。席将终林语堂语含讥刺，直斥之，彼亦争持，鄙相悉现。"

　　关于这一天的争执，林语堂在自己的自传里，曾经回忆如下："有一回我几乎跟他闹翻了。事情是小之又小，是鲁迅神经过敏所致。那时有一位青年作家，名张友松。张请吃饭，在北四川路那一家小店楼上。在座记得有郁达夫、王映霞、许女士及内人。张友松要出来自己办书店或杂志,所以拉我们一些人。他是大不满于北新书店的老板李小峰,说他对作者欠账不还等等,他自己要好好的做。我也说两句附和的话。不想鲁迅疑心我在说他。真是奇事!大概他多喝了一杯酒,突然咆哮起来,我内子也在场。怎么一回事?原来李小峰也欠了鲁迅不少的账,也与李小峰办过什么交涉,我实不知情,而且我所说的并非回护李小峰的话。那时李小峰因北新书店发了一点财,在外养女人,与新潮时代的李小峰不同了。(我就喜欢孙伏园始终潇洒。)这样,他是多心,我是无猜,两人对视像一对雄鸡一样,对了足足一两分钟。幸亏郁达夫做和事佬,几位在座女人都觉得无趣。这样一场小风波,也就安然度过了。"

同样也在场吃饭的郁达夫在《回忆鲁迅》一文中,也略记了此事的经过:

"这一场事情,总算是这样的解决了(注:是指鲁迅和李小峰北新书局的官司);但在事情解决,北新请大家吃饭的那一天晚上,鲁迅和林语堂两人,却因误解而起了正面的冲突。冲突的原因,是在一个不在场的第三者,也是鲁迅的学生,当时也在经营出版事业的某君。北新方面,满以为这一次鲁迅的提起诉讼,完全系出于这同行第三者的挑拨。而忠厚诚实的林语堂,于席间偶尔提起了这一个人的名字。鲁迅那时,大约也有了一点酒意,一半也疑心语堂在责备这第三者的话,是对鲁迅的讽刺;所以脸色发青,从座位里站了起来,大声地说:'我要声明,我要声明!'

"他的声明,大约是声明并非由这第三者的某君挑拨的。语堂当然也要声辩他所讲的话,并非是对鲁迅的讽刺;两人针锋相对,形势真弄得非常的险恶。在这席间,当然只有我起来做和事佬;一面按住鲁迅坐下,一面我就拉了语堂和他夫人,走下了楼。这事当然是两方的误解,后来鲁迅原也明白了,他和语堂之间,是有过一次和解的。可是到了他去世之前年,又因为劝语堂多翻译一点西洋古典文学到中国来,而语堂说这是老年人做的工作之故,而各起了反感。但这当然也是误解,当鲁迅去世的消息传到当时寄居在美国的语堂耳里的时候,语堂是曾有极悲痛的唁电发来的。"

林语堂日常的为人正像郁达夫所说的,有些迟钝和忠厚。比如,郁达夫在回忆鲁迅文字里曾经提到过,鲁迅和许广平住在一起了,林语堂才知道,原来鲁迅喜欢许广平。

除了这种对人之常情的不敏感,林语堂还是一个话痨,一旦有合适的场合,他常常有说不完的话。

这一次和鲁迅见面的时候,也是如此,他觉得自己是坦荡的。他认为鲁迅不应该如此敏感,所以在谈话的时候,主动地说到了一个叫张友松的名字。张友松和李小峰一样,首先也是做出版的,其次也在大学里听过鲁迅的课,以鲁迅的学生自称。他有一次请鲁迅和林语堂等人吃饭,说李小峰对作者如何如何过分,老是拖欠作者的稿酬,他做人便不会如此。后来,鲁迅并没有答应与张友松合作,但是李小峰自然知道张友松拉拢鲁迅的事情。所以,鲁迅和李小峰打官司这件事情,李小峰一直疑心是张友松在后面出谋划策。

正是尴尬未定的时候,林语堂突然说出此人的名字,鲁迅自然敏感,如何解释呢。本来李小峰前几天还在打探张友松这个人,鲁

迅当时喝了几口酒,稍有些醉意,所以,他才会激动地拍着桌子说:
"我要声明! 我要声明!"

林语堂的确是说者无心,而鲁迅却不这样认为,在一个不恰当的时候说一些让人尴尬的话,即使是无心的,也不能这么理直气壮地和他争吵。林语堂和他在酒桌上对视了几分钟以后,鲁迅拍案离席。

好在有郁达夫在后面追堵,才得以让酒席完整结束。然而,林语堂和鲁迅自此交恶,直到 1932 年的年底,蔡元培和宋庆龄有感于外籍人士牛兰夫妇绝食抗议、陈独秀被捕等政治事件接连不断,却无能为力,于是一批有良知的知识分子和爱国人士,共同筹划成立了中国民权保障同盟,当初这个机构成立的目的是想专门营救被政治迫害的文化名流,并争取言论出版的自由。当时的林语堂是蔡元培的英文秘书,自然,他做了民权保障同盟的宣传主任。大概是胡适的一篇文章,与民权保障同盟的章程相违背,民权保障同盟决定开除胡适的会籍。正是这举动,使鲁迅和林语堂又一次站在了一起。

然而,不久,杨杏佛被暗杀后,林语堂没有出席杨杏佛的入殓仪式,致使鲁迅对他又一次误解。这一次,他们再也没有机会和解了。1936 年 10 月 19 日,鲁迅逝世,四天后,在美国的林语堂写下悼念的文字,有一段颇有感情,录一下:"鲁迅与我相得者二次,疏离者二次,其即其离,皆出自然,非吾于鲁迅有轻轩于其间也。吾始终敬鲁迅;鲁迅顾我,我喜其相知,鲁迅弃我,我亦无悔。大凡以所见相左相同,而为离合之迹,绝无私人意气存焉。"

1933 年 2 月 17 日, 鲁迅与萧伯纳、蔡元培合影于上海孙中山故居院内

四十一　　吃过半顿饭的萧伯纳

　　1933 年 3 月 1 日，鲁迅写信给台静农说："萧在上海时，我同吃了半餐饭，彼此讲了一句话，并照了一张相，蔡先生也在内，此片现已去添印，成后当寄上也……我们集了上海各种议，以为一书，名之曰《萧伯纳在上海》，已付印，成后亦当寄上。萧在初到时，与孙夫人（宋），林语堂，杨杏佛（？）谈天不少，别人皆不知道，登在第十二期《论语》上，今天也许出版了罢，北京必有，故不拟寄。我到时，他们已吃了一半饭，故未闻，但我的一句话也登在那上面。"

　　萧伯纳是著名的作家、戏剧家，他同情社会主义，且和宋庆龄一样，同是世界反帝大联盟的名誉主席。正是由于名誉主席这个头衔，1933 年初，宋庆龄、蔡元培等人发起的中国民权保障同盟才会向他发出邀请。时年已经 77 岁高龄的萧伯纳偕夫人到上海做短暂的停留。

然而,仅仅在上海停留了八个半小时,上海的媒体却将萧伯纳做成了特大的新闻。萧伯纳抵沪的当天和次日,《申报·自由谈》连续两天刊出"萧伯纳专号"。短短一周的时间,由瞿秋白任编辑的《萧伯纳在上海》一书也编辑完成。

要说,萧伯纳本是一个低调的人,然而,宋庆龄却将他的到来高调宣传。这为中国民权同盟以后的发展埋下了祸根。

1933年2月17日一大早,中国电影文化会的代表洪深和上海新闻媒体以及各界青年近四百人在税关码头守望迎接,他们用英文做了一个旗帜,上面写着"Welcome to our Great"。然而,这些迎接的人不知,清晨五点钟,船已经停靠,宋庆龄和杨杏佛已经登上了萧伯纳乘坐的皇后号和萧伯纳见了面,还一起共进了早餐。

他们谈了很多内容,萧伯纳很想了解中国到底在做什么,他想知道中国的红军在哪里。

本来萧伯纳并不计划上岸的,但是宋庆龄盛情相邀,那天上午10时,萧伯纳便下了船。

12时,萧伯纳跟随宋庆龄来到了她的寓所,莫利爱路二十九号(今香山路七号孙中山故居)。一起吃饭的有蔡元培、杨杏佛、林语堂、伊罗生和美国女记者史沫特莱等。吃到了一半的时候,不知谁说到鲁迅,萧伯纳听说过,要见面,于是,蔡元培先是给鲁迅打电话,又派车去鲁迅住处将他接来。

这便是鲁迅在信中所说的,和萧伯纳吃了半顿饭。因为鲁迅赶到宴席现场的时候,饭菜已经一片狼藉。萧伯纳见到鲁迅时,很是幽默地称呼他是"中国的高尔基",说鲁迅比高尔基要好看。

啖毕,一班人马在院子里闲走,太阳突然出来,有人面露喜色,讨好般地说,萧伯纳先生真有福气,一到上海便遇到阳光。萧伯纳幽默着说笑,他答,应该说这是太阳的福气,能在上海见到萧伯纳。

他的确擅长幽默和演讲。然后便是合影。从后来的照片上来看,一共七个人,没有吃饭的杨杏佛,杨应该是拍摄者。

下午的时候,萧伯纳又到了福开森路参加了一个国际笔会的见面会,迎接他的人有邵洵美、张歆海等人,萧伯纳演讲,剧作家洪深做翻译。萧伯纳因为在国外听说过梅兰芳,要和梅兰芳见面,所以,梅兰芳便被邀请了去。

萧伯纳的行程可谓饱满之至,在笔会见面的时间严格控制在了三十分钟。之后,萧伯纳又回到了宋庆龄的住宅,举行了一个记者会。然后又在宋庆龄和杨杏佛的带领下参观了"一·二八"淞沪抗战遗址。

傍晚 6 时左右,萧伯纳结束了他的上海行程,历时八个半小时。然而,这八个半小时,却让上海的媒体热闹了好些个日子,这自然和鲁迅与宋庆龄的操持有关。先是林语堂主编的《论语》杂志,在 1933 年 3 月第十二期用几乎整期的篇幅刊登了蔡元培、鲁迅、宋春舫、邵洵美、洪深对萧伯纳的印象记,以及记录。同月,施蛰存主编的《现代》第二卷第五期发表萧伯纳剧本《安娜珍丝加》(熊式一译)和赵家璧写的《萧伯纳》;而由野草书屋印行、鲁迅作序、瞿秋白剪贴翻译并编校的《萧伯纳在上海》一书,则为萧伯纳在上海的惊鸿一瞥,留下了较为完整的文字记录。

《鲁迅日记》在 1933 年 2 月 17 日写道:"午后汽车赍蔡先生信来,即乘车赴宋庆龄夫人宅午餐,同席为萧伯纳、伊、斯沫特列女士、杨杏佛、林语堂、蔡先生、孙夫人,共七人,饭毕照相二枚。同萧、蔡、林、杨往笔社,约二十分钟后复回孙宅。"

这以后,鲁迅连续写了不少关于萧伯纳的文章。在《看萧和"看萧的人们"记》一文里,鲁迅详细介绍了他为何对萧伯纳如此热情:"我是喜欢萧的。这并不是因为看了他的作品或传记,佩服得喜欢起来,仅仅是在什么地方见过一点警句,从什么人听说他往往撕掉绅士们的假面,这就喜欢了他了。还有一层,是因为中国也常有模仿西洋绅士的人物的,而他们却大抵不喜欢萧。被我自己所讨厌的人们所讨厌的人,我有时会觉得他就是好人物。"

鲁迅这段话虽然并没有具体指向某个个体,却已经影射了自欧美留学回来的胡适与梁实秋了。

1933年4月22日,梁实秋在天津《益世报·文学周刊》发表了一篇名字为《萧伯纳去后》的文字,在这篇文字里,梁实秋将鲁迅与萧伯纳做了一番对比,并嘲讽了鲁迅的折腾和热情。里面有一段文字很有意思,摘录一下:"大概遍读萧伯纳的著作,还不如和萧伯纳见一面,或一握手来得愉快。在一个大人物面前,自己常觉得渺小;可是等大人物离开面前的时候,自己会又觉得膨胀起来的。有人说鲁迅先生是中国的萧伯纳。我想这比拟是很确当的,假如除去下列几点的差别:(一)萧有三部长篇小说,鲁迅有两集短篇小说;(二)萧有戏剧若干部,鲁迅无;(三)萧有关于社会主义的著作,鲁迅无;(四)萧有他的思想系统,鲁迅无;(五)鲁迅有杂感若干集,萧无;(六)鲁迅有《中国小说史略》《小说旧闻钞》《唐宋传奇》,萧无。上述不同的几点,有的是鲁迅不及萧,有的是萧不及鲁迅,双方截长补短,可不分轩轾矣。凡是西方有的,我们中国都能找到一个势均力敌的对偶，而并不觉得寒伧。"

　　鲁迅历来对于现代评论派的文章都是兵来将挡的，只是，这篇文章，大约发表在天津的一张小报上，他没有看到，也没有朋友寄给他看。鲁迅继续又写了几篇关于萧伯纳的文字，然后还给瞿秋白编辑的《萧伯纳在上海》写了序。只是可惜，鲁迅和梁实秋的又一场争吵便错过了。

1933 年 2 月 24 日,鲁迅与杨杏佛(中)、李济之(中国人权保障同盟北平分会副主席)合影于上海

四十二　杨杏佛之死

鲁迅与林语堂的关系两合两分，其中一次的疏远便和杨杏佛的死有关系。

杨杏佛和鲁迅的交往并不深，若不是宋庆龄张罗的中国民权保障同盟邀请鲁迅加入，那么，鲁迅和杨杏佛几无交集。

杨杏佛曾任孙中山的秘书，先后两次效力于孙中山，直至孙中山去世，他又是治丧委员会的负责人之一，到了修筑中山陵，他又是总负责人。所以，杨杏佛与宋庆龄的关系非同一般。

1932 年底前后，陈独秀被捕，国际友人牛兰夫妇被捕，以及年初的时候，蒋介石政府秘密杀害国民党的左翼领袖邓演达。这一系列的举动激起了宋庆龄和蔡元培等有良知的知识分子的愤怒。1932 年 12 月，蔡元培、宋庆龄、鲁迅、马相伯、沈钧儒、史量才共同组织筹建"中国民权保障同盟"，杨杏佛任总干事和副会长。

宋庆龄在此之前曾经是国际"保卫牛兰夫妇

委员会"会员,这一个委员会的名单可是颇为壮观,成员中有爱因斯坦、高尔基、史沫特莱、德莱赛等。正是这一贯的对左翼和共产国际的立场,使得宋庆龄他们成立民权保障同盟之后,第一件事情便是揭露蒋介石秘密杀害邓演达。蒋介石在租界英文报纸上看到民权保障同盟用英文刊登的揭露他杀人的公告以后,非常恼火,于是下令刺杀杨杏佛。

蒋介石是知道杨杏佛这个人的政治立场的,1932年"一·二八"事变后,杨杏佛曾经在华北部分地区活动,大声疾呼全国应该统一抗日。这让蒋介石秘密杀害邓演达这件事情显得更加不义,使蒋陷入百姓怒骂的氛围之中。鉴于此,蒋介石亲自下令,要杀掉这个屡屡高调反对自己的"党内叛徒"。彼时,杨杏佛的职务为中央研究院的英文编辑。

实施暗杀杨杏佛计划的头目是戴笠。为了能做得更悄无声息一些,戴笠亲自参与制定暗杀计划,并在杨杏佛住处的附近租了房子,建了一个监视点。等到完全摸清了杨杏佛的生活规律,才确定杀人时间和地点。

一开始,监视杨杏佛的戴笠发现了杨杏佛的一个生活规律,杨杏佛喜欢骑马,每天都会抽出一会儿时间到法租界外的一个地方练习骑马。于是,他马上就制订了在马场暗杀杨杏佛的方案。但这个方案被蒋介石否决了,原因是地点不妥,蒋介石的意图是想杀一个人给宋庆龄看的,只有在租界内,才能吓着宋庆龄,在租界外,宋庆龄根本就不在乎。

最后,根据蒋介石的提议,戴笠决定在杨杏佛工作的中央研究院附近动手,这样消息将会很快传到杨杏佛的朋友同事那里,才能起到震慑的效果。

1933 年 6 月 18 日，戴笠手下的行动队长赵理君带着几个得意的组员，在出发前喝了不成功便成仁的壮胆酒，他们埋伏在亚尔培路中央研究院国际出版品交换处门口，杨杏佛的汽车在大门口刚一停下，便响起枪声。杨杏佛连中十枪，尽管他立即被送到了附近的医院，但仍因伤势过重而去世。

杨杏佛的死成为当时上海滩的一桩著名的事件，几乎街头巷尾都在说这件事情。然而，老百姓越是议论，国民党当局则越是封锁。那几天，所有与杨杏佛关系密切的人士均被国民党当局监视。

正因为此，参加杨杏佛的葬礼，也成为一个有危险的事情。1933年 6 月 20 日，有雨，鲁迅和宋庆龄冒雨出现。宋庆龄发表了纪念的讲话，鲁迅后来写了那首著名的《悼杨铨》：

> 岂有豪情似旧时，
> 花开花落两由之。
> 何期泪洒江南雨，
> 又为斯民哭健儿。

正是在杨杏佛的葬礼上，鲁迅没有看到和杨杏佛关系较好的林语堂，便认定林语堂是一个只顾得自己的生命而不顾道义的人。于是二人又交恶，一直到鲁迅先生去世，也没有和林语堂和好。

让人感动的是，杨杏佛中弹的一瞬间，知道是有人组织好了要杀掉自己，连忙用身体将坐在自己身边的儿子杨小佛完全挡住，挽救了自己孩子的生命。

1933 年 5 月 1 日, 摄于上海

四十三　　　许广平最喜欢的鲁迅照片

　　翻开周海婴先生著的《鲁迅与我七十年》,第二页便是鲁迅的一张站立照片。穿着两件毛衣的鲁迅直视镜头,头发有些长。大约是拍照前鲁迅用力地抹了几把头发,使得他那又粗又硬的头发蓬松开来,零乱却也充满了活力。尤其是他一手持香烟一手叉腰的姿势,十分青春。照片下面的注释更是有趣:这张照片,母亲最喜欢! 一九三三年五月一日摄于上海。

　　查《鲁迅日记》,可知,1933 年的 5 月 1 日这一天,鲁迅颇为忙碌。先是等着日本篠崎医院里的坪井医生上门为海婴打针,海婴的身体不好,在《鲁迅日记》里多次写到,这一年里,仅往篠崎医院去的次数每月便有五六次之多。中午饭后,还给施蛰存和周建人各回了一封信,下午先去了春阳照相馆照了相,然后又去理了头发。理完头发呢,又专门拐到一个牙科医院去修了一下自己的牙齿,并在旁边的小书店买了一本日文书。

这一天的生活颇为充实,隔着先生的日记,我们仿佛可以看到他在风中疾行的样子。

后来看到鲁迅的照片集,才知道,原来这一天,鲁迅拍了三幅照片,前面两幅照片都是穿着外套,或端坐,或侧身坐,均取了上半身。而唯有这张脱去外套的照片,因为选取角度好,自下而上,有些仰拍,所以,显得鲁迅先生既秀拔,又年轻。

然而,许广平最喜欢这张照片的原因还有,鲁迅里面所穿的那件毛背心,便是《两地书》中所写到的"毛衣半臂"。

1926 年 11 月 13 日晚,许广平在《两地书》中写道:"早上无事,仍在寝室里继续编织,十一时出街理发,买些什物。到家里看一回,而今天使我喜欢的,是我订了一个好玩的印章,要铺子刻'鲁迅'二字,白文。"

信里所说的鲁迅图章,后来鲁迅先生一直用着。而这一段文字中的"编织",便是许广平给鲁迅织的那件藏青色的毛衣小半臂。

鲁迅也很喜欢这件耗费了许广平不少时光的毛背心,收到后,他几乎是第一时间就穿上了,吃饭穿着,去给学生上课也穿着,甚至去学校外面的公共厕所"旅游",也穿着。晚上的时候,他在书信里写道:"背心已穿在小衫外,很暖,我看这样就可以过冬,无需棉袍了。"

送出去的东西,且是费了自己心血的,得到了鲁迅的喜欢,这当然引得许广平高兴。高兴归高兴,但还是要批评鲁迅的,在回信里,许广平写道:"穿背心,冷了还是要加棉袍、棉袄⋯⋯的,这样就可以过冬吗? 傻孩子!"

然而,这个"傻孩子",一直到了 1933 年的时候,还不忘记在照相的时候脱下外套来,照给做手织的许广平看,也算是极端喜欢的表达了。

看《两地书》,总是觉得,一开始,鲁迅对许广平的感情是犹豫不决的,甚至是被动的,笨拙的,而一旦到了厦门,距离的疏远加大了思念的浓度,鲁迅才变得坚决起来。越是到后来,鲁迅对许广平的依赖越大。

比如在 1929 年,鲁迅去北平探望母亲的病情时,当时许广平正怀孕待产在家。鲁迅在离开北平的最后一封信里,写道:"D.H.,你看,我们到那里去呢? 我们还是隐姓埋名,到什么小村里去,一声也不响,大家玩玩罢。"

那种只要与君相知,隐姓埋名也不可惜的情怀,真让人感动。也还是在北平期间,他特地挑选了好看的信笺纸给许广平写信,有一种信笺纸上有莲蓬的图案,莲蓬里有籽,自然,鲁迅暗喻着给怀了他孩子的许广平,他深情地在信笺纸上写了四句情诗:"并头曾忆睡香波,老去同心住翠窠。甘苦个中侬自解,西湖风月味还多。"许广平后来在回信中说:"我已读熟了。"

将一个人放在心上,才会将他的情诗读熟。同样,将一个女人放在心上,也才会将她亲手织就的毛衣天天穿在身上。

不信,有照片为证。

四十四　　鲁迅的翻译:姚克和斯诺

1932 年,姚克和斯诺一起翻译鲁迅《呐喊》中的几篇小说,有一些疑问,比如,鲁迅在《故乡》里写闰土的文字里,便有一个生僻字:"深蓝的天空中挂着一轮金黄的圆月,下面是海边的沙地,都种着一望无际的碧绿的西瓜,其间有一个十一二岁的少年,项带银圈,手捏一柄钢叉,向一匹猹尽力的刺去,那猹却将身一扭,反从他的胯下逃走了。"斯诺自然不懂这段文字中的"猹"是一种什么动物。姚克查证了一番,也不得而知。只好在年底的时候给北新书局写了一封信,让他们代转给鲁迅先生。

然而,这封信等了两个月也没有任何回音。

1933 年 3 月初,姚克不得不写了第二封信。这封信终于到了鲁迅的手里,连同很早之前的信一起。《鲁迅书信集》里可以看到鲁迅给姚克的回信,全信很短,我录在这里:"三月三日的信,今天收到了,同时也得了去年十二月四日的信。北新书局中的人办事,散漫得很,简直连电报都会搁起来。所以此后赐示,可寄'北四川路底、内山书店转、周豫才收',较妥。""先生有要面问的事,亦请于本月七日午后二时,驾临内山书店北四川路底,施高塔路口,我当在那里相候,书中疑问,亦得当面答复也。"

关于这次会面,姚克曾经写过专门的回忆文字。鲁迅去世后,姚克在《最初和最后的一面》的文字中详细记述了他们当时见面的情况:"一九三三年三月七日是个可爱的日子。在我呢,这也是个极可纪念的日子。在那天下午二时,我初次见了鲁迅先生。"

这一次会面,姚克拿着一个小本子,逐条将翻译过程中遇到的疑问向鲁迅请教。比如鲁迅自己生造的那个"猹"字。又比如鲁迅小说里多次写到的"三百大钱九二串"这种绍兴的土话该如何转换成书面的字句。

姚克那天一开始很是放不开,一副学生腔。而大抵恰好这种谦卑的学生腔给了鲁迅好印象,因为那天姚克打扮得新潮,西装革履,见到鲁迅以后,看到鲁迅的衣着,姚克才后悔不已,他忘记鲁迅最讨厌"洋场恶少"了。

然而,他们交流完翻译中遇到的问题以后,开始谈论文学方面的事,姚克因为也关注当下尤其是左翼的文学作品,竟然和鲁迅很谈得来。当他们说到关于中国传统文化的时候,鲁迅很是兴奋,对姚克说:"不错,中国的文化也有美丽的地方,但丑恶的地方实在太多,正像一个美人生了遍体的恶疮。若要遮她的面子,当然只好歌颂她的美丽,而讳隐她的疮。但我以为指出她的恶疮的人倒是真爱她的人,因为她可以因此自惭而急于求医。"

这次见面以后，接下来，鲁迅又和姚克见过几次面。

《鲁迅日记》1933年3月24日载："下午姚克邀往蒲石路访客兰恩夫人。"

没有过多久，鲁迅又写信约姚克见面。在1933年4月20日致姚克的信中，鲁迅写道："昨奉一束，约于星期六（二十二日）下午六时驾临大马路石路知味观杭菜馆第七座一谈，未知已到否？届时务希与令弟一同惠临为幸。"当时姚克的信件均是由正在上海东吴大学念书的弟弟收转，所以鲁迅想请他们一起吃个饭。

不久，1933年5月11日，鲁迅又写信给姚克，约在内山书店见面。5月26日，两个人又晤面，鲁迅拿了几张照片给姚克看，大体都是旧照片。因为新书出版以后要给外国人看的，鲁迅也想要拍得好看一些。两个人在那里挑照片，却没有挑出一张能反映鲁迅精神气质的。于是，姚克便和鲁迅一起到上海南京路上的雪怀照相馆拍摄了几张照片。

照片拍好后，姚克给鲁迅寄了一张，鲁迅很满意。

虽然这张照片是为了《活的中国》这本以鲁迅小说为主的小说集而拍摄的，但是，这张照片最早与斯诺撰写的《鲁迅评传》一起，刊登在1935年1月出版的美国《亚细亚》杂志上，以后又刊登在1936年底英国伦敦出版的《活的中国》一书的扉页上。鲁迅逝世后于万国殡仪馆供人吊唁的巨幅遗像，就是由这张单人照放大而来。

虽然，《活的中国》中鲁迅的小说是由斯诺与姚克分别翻译的，但是，斯诺与鲁迅的交往并不多。查《鲁迅日记》，仿佛只有七处涉及斯诺。虽然鲁迅先生和斯诺见过一次面，但当时鲁迅和姚克尚未见过面，尚不知斯诺和姚克正在合译他的小说，所以，那次见面没有交流什么。在日记里,也仅仅是提到一句。1933 年 2 月 21 日,鲁迅在日记里写道:"晚晤施乐君。"

在接下来的交往中,鲁迅和斯诺的信件和书刊,均是通过姚克中转的。后来,萧乾和郑振铎仿佛也做鲁迅与斯诺的中转人。比如 1934 年 10 月 8 日《鲁迅日记》记有"上午复西谛信并赠《木刻纪程》一册,又二册托其转赠施君夫妇"的字样。

鲁迅去世以后,姚克是十二位抬棺人之一。他与斯诺合署名撰挽联一副:译著尚未成书,惊闻陨星,中国何人领呐喊;先生已经作古,痛忆旧雨,文坛从此感彷徨。横批:鲁迅先生不死。

后来,斯诺还在回忆鲁迅的文章《向鲁迅致敬》(刊 1937 年 6 月 8 日出版的《民主》杂志一卷三期)中这样写道:"……我认为鲁迅确实是一个精神上的巨人……在一个民族的历史发展的长河中,偶尔会出现这样一类人,他是他所处时代的代表,他的一生如同一座大桥,跨越了两个世界,鲁迅是这样的人,伏尔泰也是如此……只是因为时代接近的关系,人们才随口把鲁迅称为'中国的高尔基',不过,鲁迅远远超出了这个称号。也许,更确切地说,应称他为'中国的伏尔泰'。但事实清楚地表明,最恰如其分的称呼应是'中国的鲁迅',因为鲁迅这个名字本身在历史的史册上就占有着光辉的一页。"

鲁迅去世后不久,姚克和斯诺翻译的《活的中国》一书于 1936 年岁末由英国伦敦的乔治·哈拉普公司出版。

1933 年 9 月 13 日，鲁迅五十三岁时合家照

四十五　　全家福:怜子如何不丈夫

　　鲁迅溺爱海婴的事情,在很多人的回忆文字里可以见到,比如萧红,在她那篇著名的《回忆鲁迅先生》里写道:

　　从福建菜馆叫的菜,有一碗鱼做的丸子。

　　海婴一吃就说不新鲜,许先生不信,别的人也都不信。因为那丸子有的新鲜,有的不新鲜,别人吃到嘴里的恰好都是没有改味的。

　　许先生又给海婴一个,海婴一吃,又是不好的,他又嚷嚷着。别人都不注意,鲁迅先生把海婴碟里的拿来尝尝。果然是不新鲜的。鲁迅先生说:"他说不新鲜,一定也有他的道理,不加以查看就抹杀是不对的。"

　　鲁迅这样说话的时候,充满了对孩子的爱。

　　1932 年 1 月 28 日,上海爆发"一·二八"事变,鲁迅的住处被炮弹击中,荒乱中,鲁迅携妇挈子离家,经内山完造的帮助,避入了英租界。战争爆发以后,许寿裳派人打听,才知道鲁迅所居住的地方遭遇了轰炸,万般着急的情况下,许寿裳让自己的儿子许子英登报寻找鲁迅的下落。过了两个月,事情稳定,鲁迅写信给北平的母亲:"母亲大人膝下敬禀者,十七日寄奉一函,想已到。现男等已于十九日回寓,见寓中窗户,亦被炸弹碎片穿破四处,震碎之玻璃,有十一块之多。当时虽有友人代为照管,但究不能日夜驻守,故衣服什物,已有被窃去者,计害马衣服三件,海婴衣裤袜子手套等十件,皆系害马用毛线自编,厨房用具五六张,被一条,被单五六件,合共值洋七十元,损失尚算不多。两个用人,亦被窃去值洋二三十元之物件。惟男除不见了一柄洋伞之外,其余一无所失,可见书籍及破衣服,偷儿皆看不入眼也。"

这封信里,还说了海婴的事情。正是在这期间,海婴出疹子,为了取暖和便于海婴的疹子治疗,鲁迅租住了上海的一个外国旅馆。还因此被小报记者造谣,说鲁迅生活糜烂奢侈。

从这家旅馆出来后不久,海婴又患了痢疾。鲁迅先生略懂医学,所以,每一次海婴的便他都要亲自看过再倒掉。即使是有客人在,他也会如此。

鲁迅并不在意坊间的传说,其实早就有传言了,说是鲁迅过于溺爱自己的孩子。

早在 1931 年,鲁迅便写过一首题为《答客诮》的诗:

　　无情未必真豪杰,

怜子如何不丈夫。

知否兴风狂啸者，

回眸时看小於菟。

这首诗里，鲁迅用了两个典故，一是出自《战国策·触龙说赵太后》，大意是讲，触龙把自己的小儿子托付给赵太后，要她将来给孩子谋一个王宫卫士的差事。赵太后赞美说："丈夫亦爱怜其少子乎。"鲁迅借此典故反问讥笑他的人："爱怜孩子，怎么能说就不是大丈夫了呢？"诗中后一个典故出自《左传》，"兴风狂啸"指大老虎，"小於菟"指小老虎。老虎给人的印象自然是凶狠之至，然而大家却知如此凶猛的老虎仍常常眷恋地回头看小老虎。

呵呵，这首诗可真是美妙之至，当客人们讥笑鲁迅与人打笔仗如老虎一般凶恶时，老虎说，我还是经常回头看看我家的"小於菟"的，实在是委婉得好，温暖得厉害。

海婴过生日，鲁迅必陪海婴去拍照片纪念。有一次，海婴过四岁生日，上海突降大雨。已经约好了的，要去一家外国的照相馆拍照片。于是，一家三口冒着大雨到了照相馆。这张照片，便是周海婴先生在《鲁迅与我七十年》一书的封面上用过的照片，这张照片后来被广泛使用。

许广平在回忆《鲁迅先生与海婴》一文中写道："每年至少有一次，在海婴生日那天，我们留给他作为纪念的礼物，就是同他到照相馆去拍照，有时是他单独拍，有时是三个人同拍。值得纪念的有三张，一张是海婴半周岁时，鲁迅特从逃难处走到外面，一同到照相馆,由他蹲着,以双手支持海婴的立像。另一张是他五十岁,海婴周岁时,他抱着海婴照了之后,亲自题了两句诗:海婴与鲁迅,一岁与五十。他题好之后,自己说,这两句译成外国文,读起来也很好的。再一张是海婴四周岁时,冒着暗沉沉的将要暴雨的天气,我们跑到上海最有名的一家外国照相馆去了。如果是迷信,这一天真像预示着我们的否运到来,走到照相馆的门口,不久就是决了堤一样的大雨从天下倒下来,几乎连回家也不容易。以后就更没有三个人一同拍过照了。"

但是,虽然以后再也没有拍过照片,而海婴的生日还是隆重地过的。即使是鲁迅去世的那年,海婴的生日,鲁迅也是满足了海婴的好多个愿望,比如去影院看电影,比如给海婴买了蛋糕,到一家好吃的餐厅吃了晚餐,等等。

虽然,对于海婴溺爱不已,可是,先生却并不鼓励自己的儿子做空头的文学家。所以,鲁迅的爱,总是有合适的温度和限度。

1933 年初夏,鲁迅与内山完造合影

内山书店

四十六　　　开书店的朋友:内山完造

　　因为鲁迅而在中国出名的日本人有两个,其
一是藤野先生,其二便是内山完造。

　　1927 年 9 月,自广州返上海的鲁迅,在抵上海
的第三天,便找到了位于北四川路附近一个叫作
魏盛里的小胡同的这家"内山书店"。

　　内山完造在晚年的回忆录里描述过这一场
景:"有一天,那位先生一个人跑来,挑好了种种
书,而后在沙发上坐下来,一边喝着我女人进过去
的茶,一边点上烟火,指着挑好了的几本书,用漂
亮的日本话说:'老板,请你把这些书送到窦乐安
路景云里××号去。'现在,那屋子的门牌我已经
忘记了。当时我立刻就问:'尊姓?'一问,那位先
生就说:'叫周树人。''啊——你就是鲁迅先生吗?
久仰大名了,而且也听说是从广东到这边来了,可
是因为不认识,失礼了。'从那时起,先生和我的关
系就开始了。"

　　鲁迅爱逛书店,又加上,当时的政治空气不

好，鲁迅先生每每用笔名在报纸上发表文章，并不留自己的住址，在上海的十年，大多数约会见面，鲁迅均喜欢约在内山书店。

1930 年初，鲁迅因为参加左联而被人跟踪，为了避难，在内山书店里住了一个月之久。之后，还是托内山完造帮他谋了一处新住宅，即北四川路一百九十四号拉摩斯公寓（今为四川北路二〇九三号北川公寓）三楼四室。一年后，左联五青年被捕后，鲁迅又是在内山完造的帮助下，于 1 月 20 日全家移至花园庄旅馆住了一个月，才回到住处。

1932 年，1 月 30 日，因"一·二八"淞沪战争，鲁迅所租住的房子玻璃竟然被子弹破了一个洞，于是全家立即离寓，还是在内山完造的安排下，鲁迅先生一家又一次住进了内山书店。

这期间，因为屡屡帮助中国人，内山完造被日本军方弹劾，回日本暂避了一年半左右。1934 年，鲁迅亦曾经在内山书店避难过。

不论是帮助救自己的弟弟周建人一家，还是救助左联的其他作家，内山完造可以说是鲁迅的一个居中调和社会关系的重要友人。1932 年淞沪会战期间，周建人一家被日本海军拘禁，内山完造出面，终于营救成功。

1932 年 3 月 20 日，鲁迅致母亲的信里详细地说明了自己公寓被一枚炸弹击中玻璃的情形。在这封信里，鲁迅却并没有说周建人被拘禁的事情，因为很快内山完造便找人救出了周建人。

然而，内山完造可以从军方救出周建人的消息，不小心还是走漏了。在当时，一个日本商人，和军方来往密切，这不能不被人猜测。

果然，1934 年，内山完造从日本回到上海以后，便遇到诘难。

1934 年 5 月，上海《社会新闻》第七卷第十二期便刊登了一篇攻击鲁迅的四百余字短文《鲁迅愿作汉奸》，作者署名为"思"。在这篇短文里，这位"思"兄颇为恶毒，在文章里意淫鲁迅先生的一本《南腔北调集》在日本出版日译本，说鲁迅骂政府的那些文章在国内挣不到几个闲钱，然而，经过内山完造介绍给日本情报局，便可以得到大笔的钱。

这种腔调和此前污蔑鲁迅领卢布一样拙劣。

然而事情并未结束，过了不久，这份《社会新闻》又于第七卷第十六期刊登另一篇短文《内山完造底秘密》。这篇署名为"天一"的文章，像是一个十分熟悉内山完造的人写的，他在文章里写道："内山完造，他是日本一个浪人，在家乡以贩卖吗啡等违警（禁）品而曾被警察监禁过，因为不容于故乡，流浪到中国来。他初到上海时，曾带了二千元来，在上海经营书店事业。但因为他的狂嫖滥赌（他很喜欢中国的牌九），把二千元花得干干净净。单是书店的事业，眼见不能维持，幸而他神通广大，在领事馆警察署中找到了一个侦探的任务，每月支二百元的薪水……一九二五年五卅运动起，日本外务省加紧注意中国的事情，于是内山完造由领事馆警察署的小侦探而升为外务省驻华间谍机关中的一个干员了。为要使他的侦探工作发展起见，外务省曾提供了约五万元的资本，给他扩充内山书店，使他的书店由魏盛里这小房子搬到施高塔路的洋房里，而且在四川路与北四川路开设了漂亮的支店了。内山完造的手段很巧妙的，他以'左'倾的态度来交接（结）中国共产党及左倾人物……借'左'倾的掩护，来进行间谍工作。一·二八战事发生，他更忙得厉害，成了皇军一只最好的猎犬。"这篇文章的结尾更是"大鸣大放"，写道："而每个内山书店的顾客,客观上都成了内山的探伙,而我们的鲁迅翁,当然是探伙的头子了。"

对于这篇狂热造谣加臆想却又极容易蛊惑民众的文字,鲁迅实在控不住"制"了,他决定要反驳一下,但他知道,在资讯并不发达的中国,本来一篇杜撰的社会新闻,因为一些知名人物的起哄,反而会成为一篇传播更广的新闻,中国历来是一个宁愿信野史和演义的国度。好人的好往往脸谱化,坏人的坏也往往极度地二元对立。

鲁迅也曾经犹豫过,是不是要反驳。关于假鲁迅的新闻,鲁迅便曾经因为自己过于郑重对待,导致社会上本来并不知道此事,事后反而引来许多意料之外的坏效应。

然而,事关友人个体的名誉,鲁迅终于在《伪自由书·后记》写道:"这两篇文章中,有两种新花样:一,先前的诬蔑者,都说左翼作家是受苏联的卢布的,现在则变了日本的间接侦探。二,先前的揭发者,说人抄袭是一定根据书本的,现在却可以从别的嘴里听来,专凭他的耳朵了。至于内山书店,三年以来,我确是常去坐,检书谈话,比和上海的有些所谓文人相对还安心,因为我确信他做生意,是要赚钱的,却不做侦探;他卖书,是要赚钱的,却不卖人血:这一点,倒是凡有自以为人,而其实是狗也不如的文人们应该竭力学学的!"

鲁迅的这篇反驳比起之前对丧家的资本家的乏走狗来说,可谓温和多矣。

这不由得让更多的人质疑。然而,正如一首流传甚广的诗所说:你信或者不信,内山书店就在那里,不关不停。

周作人不离开北平,鲁迅曾经在给友人的信中说他糊涂。鲁迅难道还不懂最基本的大局？鲁迅始终如一地同情共产党，生前和冯雪峰、瞿秋白关系笃好。若说他既支持共产党又支持日本侵略中国，那简直就有些不要脸了。

所以，鲁迅逝世以后，为什么这些小报消息并没有继续得到关注，大抵也不过是别有用心的这一股国民党御用文字杀手不敢鲁迅在国际上越来越高的威望。

回到鲁迅与内山完造的交往上来。

鲁迅出了新书，会交到内山完造那里卖；有朋友的信件，会交给内山完造转收。内山完造写了新书，鲁迅会给他作序。一个喜欢文字的读书人，一个基督教徒，一个拥有侵略国国籍的普通日本人，便引发了那么多的猜测。

鲁迅和内山完造的私交甚好，不仅仅像好友一样相互走动，交换礼物（鲁迅日记里常常载有内山完造给海婴买玩具的内容），也偶尔会诗酒唱和，一起举行沙龙活动，甚至参加内山完造弟弟的婚礼，给内山书店的普通店员的孩子起名字等等。这些世情世故的交往让鲁迅已经忽略了内山完造的日本国籍，只把他当作一个有共同话语的朋友。

鲁迅临死前，最后写的字条，竟然也是给内山完造的。鲁迅逝世后，在"治丧委员会"的八人名单中，也有内山完造。

内山完造的书店在日本战败后自然被收回，新中国成立以后，内山完造一直从事中日友好工作。1959年，中华人民共和国成立十周年纪念，要举行庆典，邀请内山完造来北京观礼。内山完造当时已经七十多岁了，在机场见到许广平，兴奋得像个孩子，又蹦又跳的。对着身边的老婆说,自己死了以后一定要埋到上海。

然而,真真是巧合,说完这句话的第二天,内山完造突发脑溢血逝世。10 月 26 日,根据内山生前遗愿,内山完造遗骨安葬于上海万国公墓。至此,两位好友,又一次做了邻居。

1935 年，鲁迅在上海虹口大陆新村寓所附近

四十七　　鲁迅在上海的几处住宅

1927 年 10 月 4 日，鲁迅给台静农和李霁野写了一封简短的信，在信中说："昨天到上海，看见图样五张。蔼覃的照相，我以为做得很不好看。我记得原底子并不如此，还有许多阴影，且周围较为毛糙。望照原本重做一张，此张不要。我前信言削去边者，谓削去重照后之板边，非谓连阴影等皆削去之也。总之希重做一张，悉依原来的样子。此书封面及《朝花夕拾》书面，已托春台去画，成后即寄上。于书之第一页后面，希添上'孙福熙作书面'一行。我现住旅馆，两三日内，也许往西湖玩五六天，再定何往。"

这封信里说的全是图书设计的事情，鲁迅指责做得不好看的，是指他翻译的《小约翰》的作者望·蔼覃的肖像。

然而查《鲁迅日记》可知，写信后的几天，鲁迅并没有带许广平去西湖游玩，而是不停地会见友人、吃饭、买书等。

从 10 月 3 日"午后抵上海,寓共和旅馆",到 10 月 8 日"上午从共和旅馆移入景云里",这五天里,鲁迅见了数十人,吃了无数次宴请,看了两场电影。日子可谓逍遥。

许广平在《景云深处是吾家》里详细地写了搬到景云里的原因:"一九二七年十月,鲁迅和我初到上海,住在共和旅馆内,建人先生天天陪伴。旅店不是长久居住之处,乃与建人先生商议,拟觅一暂时栖身之所。恰巧建人先生因在商务印书馆做编辑工作,住在宝山路附近的景云里内,那里还有余房可赁。而当时文化人住在此地的如茅盾、叶绍钧,还有许多人等,都云集在这里,颇不寂寞。于是我们就在一九二七年的十月八日,从共和旅店迁入景云里第二弄的最末一家二十三号居住了(后来让给柔石等人居住)。"

鲁迅和许广平在景云里的二十三号住了一年多。住在鲁迅对门的邻居正是茅盾,但是当时茅盾不在上海,而在日本。只有茅盾的夫人及孩子在,邻居叶圣陶不时地前去照应一下。鲁迅搬到二十三号住以后,和周建人一家合厨生活,一来鲁迅的收入高一些,这样可以接济一下周建人一家;二则许广平并不大会做饭,而周建人的夫人王蕴如则是家务高手,将生活安排得还算妥当。只是好玩的是,因为两家人合伙做饭,自然要在一楼煮饭。鲁迅住的二十三号一楼后门所对着的一个律师,叫作奚亚夫。这户人家有一个十多岁的孩子,因为不喜欢鲁迅家里的炊烟味道,常常偷偷地往鲁迅的锅里扔石子或沙子。这还不算,当鲁迅敲开律师家的门委婉地提意见时,竟然收获更大的挑衅,先是在鲁迅后门尿尿,后来便是在鲁迅住的后门上画了一个硕大的乌龟。看来是斗不过了,鲁迅又四处看了一下房子,和周建人商议了一下,决定搬到当时正空着的十八号屋。

查《鲁迅日记》可知,1928年9月9日:"星期。晴。下午移居里内十八号屋。"

然而,过了五个月后,十八号屋隔壁的十七号房也空了。鲁迅喜欢这套房子朝南朝东,阳光充足,又是这个胡同的第一家,便又租了下来,而且还将十七号屋与十八号屋打通了一个门,让周建人一家住在十八号,而鲁迅一家住十七号,这样又在一起住了数个月。

1930年3月,鲁迅因为参加中国自由大同盟被国民党政府通缉,避难在内山书店一个月,6月份又避难一次。在此期间,开始到处找房子,直到1930年4月8日,在内山完造的帮助下定下了北四川路一百九十四号拉摩斯公寓,并于12日迁入。

1931年初,柔石等左联五位青年作家被捕后,上海《社会日报》刊登记者新闻,说是鲁迅被捕。这一新闻立即引起了鲁迅亲友的担忧。而正是因为风声较紧,在1931年1月20日至2月28日,鲁迅一直避居在上海黄陆路的花园庄旅馆。

1932年"一·二八"战事发生以后,鲁迅住处的玻璃被一枚炸弹击中,不得已,又一次避居在内山书店的分店。这一次避难过程中,海婴全身起了红疹。万般无奈,鲁迅只好住进了一家豪华的旅馆。等到海婴病情稳定后,才又回到了北四川路公寓。

海婴的身体一直不好,在鲁迅的日记里可以大量地见到"上午同广平携海婴往篠崎医院诊"的字样。最后听从了医生的建议,因为北四川路的拉摩斯公寓的主卧室朝北,没有阳光,这于海婴的哮喘病很不利,于是,鲁迅开始在别处找屋来住。鲁迅在1932年9月28日的日记里记载:"午后往文华别庄看屋。"不久后的10月5日又记:"上午同广平携海婴往篠崎医院诊,付泉八元四角。下午同往大陆新村看屋。"然而,本来已经看好了房子的,无奈收到北平的家信,母亲病重,鲁迅只好赶往北平。这便有了著名的"北平五讲"。

直到1933年3月21日,才决定了新的住处。这一天《鲁迅日记》载:"……决定居于大陆新村,付房钱四十五两,付煤气押柜泉廿,付水道押柜泉四十。夜雨且雾。"定下此房后二十天,4月11日,鲁迅全家搬迁至此。

关于大陆新村九号,周海婴在《鲁迅与我七十年》一书里有详细的回忆,可以跟随着他的记忆看一看:"大陆新村九号是新式里弄,进前门是方形的小天井,长四公尺,宽二公尺半,人一多就挤得转不开身。""从一楼里间北进,迎面是洋灰质楼梯,上去十几级是父亲的卧室,右手边上是亭子间。三楼卧室边上也有一间亭子间,可留住客人。三楼的卧室由我一直住到迁出大陆新村。卧室正面是落地窗,窗外是个宽一米长二米不足的阳台。""大陆新村每幢楼的三层组成一个'井'字形,后墙都有一个小窗可开,它通风,冬暖夏凉,采光明亮。"

鲁迅帮助过的女作家萧红曾经写过一篇惊世骇俗的回忆文字。她的这篇文字极好,有人情世故的冷暖,有写作者对鲁迅的喜欢。我个人一直十分推崇。她在《回忆鲁迅先生》里也写到过大陆新村:"鲁迅先生住的是大陆新村九号。一进弄堂口,满地铺着大方块的水门汀,院子里不怎样嘈杂,从这院子出入的有时候是外国人,也能够看到外国小孩在院子里零星的玩着。鲁迅先生隔壁挂着一块大的牌子,上面写着一个'茶'字。"

大陆新村九号,是鲁迅最后的住处。自1933年4月迁入,至1936年10月19日离世,鲁迅一直住在这里。

1936 年 2 月 11 日,鲁迅、内山完造(右一)、山本实彦(右二)摄于上海新月亭

四十八　　鲁迅对日本的感情

　　网络出现以后，突然间就多出了许多喜欢下结论却不热爱读书的人。随便搜索"鲁迅"两个字，便可以搜到一大堆辱骂性的字眼。大抵是凭着这许多年国人的印象，说鲁迅从未写过一篇抗战的文字，鲁迅的好朋友内山完造是汉奸，所以鲁迅也是汉奸。

　　在著名的人文网站天涯社区，竟然发现一个网友将下面的这首诗翻译为"鲁迅歌颂日本裕仁天皇的诗歌"，这四句诗如下：

　　禹域多飞将，蜗庐剩逸民。
　　夜邀潭底影，玄酒颂皇仁。

　　持此观点的网帖作者之所以将"皇仁"解释为裕仁天皇，是因为 1932 年日本发动的"一·二八"战争，鲁迅竟然躲在日本人开的书店里。所以，他不是汉奸是什么？

要回答这个问题,便要来说说鲁迅对日本的感情了。

鲁迅 1902 年抵日本留学,1909 年回国,在日本学习生活了八年之久。他喜欢日本的风物,这自然不过。但他并不喜欢日本人富裕之后的狼性。这在他的《藤野先生》一文里写得很明确。他的分数不高,只是中等,可在日本学生眼里,已经是不可思议了,在背后造他的谣言。这些,自然都是他所不喜欢的。

鲁迅一开始写作发表文章是在日本,当时,他所能接触到的进步书籍多数均为日文。回到国内,他第一份工作竟然是给一个日本老师做翻译。再后来,鲁迅到教育部工作,在北京大学和北京女子师范大学代课,所开设的课程中,有一个科目便是讲述日本作家厨川白村的《苦闷的象征》。包括后来鲁迅所结交的朋友,书店老板内山完造、改造社社长山本实彦、歌手山本初枝、青年作家增田涉、政治活动者鹿地亘、诗人野口米次郎等等多人。这些日本的面孔慢慢具体化,他们代表了"日本"这个词语的体温。然而,由此便推断鲁迅是汉奸,我觉得有失公正。因为,即使是在日本国内,也还有许多反战的"左"倾的人士,比如被驱逐出境后来成为鲁迅朋友的鹿地亘。

其实,说鲁迅是汉奸,这反映了我们这个时代的矫枉过正。鲁迅去世以后在某种程度上被神化,他成了某种僵化认识的牺牲品。现在,鲁迅正在为他被神化的历史埋单,那些过度叛逆,又或者无知的青年,将鲁迅等同于这个时代的权威,以为恶意攻击鲁迅,便是最小成本地彰显自己的价值,这实在是一件让人难过的事情。

鲁迅自一开始下笔写文章，便不是一个妥协的人。这个性格大约也源自他所生活的时代，那是一个中国被欺负的年代。他个体的成长史何尝不是中国被欺负的历史。在《藤野先生》一文中，他看到麻木的中国看客，不由得心中一愣，知道自己觉醒得早了，既替那些麻木的看客感到悲哀，又替自己无力改变和治疗他们而感到无奈。不由得心中暗暗用力，要做一些什么样的事情呢？他自己在《〈呐喊〉自序》一文里也说到过这些，治疗一个人的身体不如治疗一个人的心智。这也正是他弃医从文的原因。

　　鲁迅是一个狷介的人，他不喜欢虚伪。1926 年 9 月，即将离开厦门大学的鲁迅，在学生的送别宴会上，有学生对他说："您平时待人温良恭俭让……"话还没有说完，鲁迅立即插话说："打住，我不敢当！说不定我明儿会变成一个小偷，或是一个土匪的。"

　　这是鲁迅。

　　在《答徐懋庸并关于抗日统一战线的问题》一文中，鲁迅写道："……以为文艺家在抗日问题上的联合是无条件的，只要他不是汉奸，愿意或赞成抗日，则不论叫哥哥妹妹，之乎者也，或鸳鸯蝴蝶都无妨。"

　　这也是鲁迅。

　　1941 年 12 月 7 日，日本偷袭珍珠港，次日，日军开进上海租界。一周后的凌晨 5 时，许广平在寓所被捕，被关押在北四川路日本宪兵司令部，后又转送到汪伪的特务机关杀人魔窟上海极司非尔路七十六号。日本人之所以逮捕许广平，因为她是鲁迅的夫人，是左翼知识分子地图的一把钥匙,她非常了解、熟悉活跃在上海文化界的左翼名人。他们妄想从她身上打开缺口,将进步的上海文化人一网打尽。在狱中,他们先用欺、吓、哄、诈、骗、脱衣等凌辱手段,许广平丝毫不妥协,后又改用打骂、罚饿、拷打以至电刑等酷刑,许广平依然大义凛然,坚贞不屈。直到内山完造出面用书店担保许广平出狱,日本人没有得到任何有用的信息。

这个时候,许广平也是鲁迅。

当然,这些证据,却也并不能依此来推断什么。鲁迅生前最讨厌的便是这些。他不喜欢以一个片段来概括他。

当社会新闻上说鲁迅愿意做汉奸时,鲁迅也很无奈,说,当初说我拿卢布,现在又说我做汉奸,看来里外都不好做人。

"我近些时候在中国的一个笔名不能用上三回,否则就会从文章的倾向和语调里被发现出来。前些日子日本某学者在和我见面的时候对我说:'最近没有阅读到你的作品呐',我说现在我写的东西很不少,用的都是变换频繁的笔名。"

这是鲁迅与日本改造社出版社社长山本实彦的对话,其实,这句话换个对话对象,也是可以说得通的:"前些日子某某不读书分子和我见面的时候对我说:'我最近发现鲁迅是个汉奸呀',我说三十年代的时候国民党右翼分子已经在小报上造过谣了,用的都是变换不定的假名字。"

四十九　　病中的鲁迅

　　关于鲁迅的病,他的日记里记录得很清楚。

　　然而,先生去世以后不久,鲁迅的弟弟周建人便收到上海交通大学一个陌生人寄来的一封密信,在信里,热心的陌生人提醒周建人说,鲁迅不是死于肺病,而是被日本军医所谋害,并让周建人找人认真调查一下。

　　治丧委员会连忙找到鲁迅的主治医生须藤五百三写清楚了鲁迅的治疗过程和病状。须藤在《鲁迅先生病状经过》一记录里,详细地写明了从1936 年 3 月 2 日至逝世的七个月里鲁迅病情的变化。最后还追加了如下的疾病名称:胃扩张,肠弛缓,肺结核,右胸湿性肋膜炎,支气管性喘息,心脏性喘息及气胸。

　　关于鲁迅的死因,这些年来的质疑声,一直没有间断过。这源自这位须藤五百三的身份。原来,这位须藤医生原是一位日本军医官,他到上海以后,曾经担任过上海日本在乡军人(就是复员军人）会的副会长。

1936 年 3 月中下旬开始，鲁迅因为胃口不好，体重下降得厉害，在《鲁迅日记》里须藤医生看病的记录几乎每天都有。正是在这个时候，美国女记者史沫特莱请来了美国医生托邓肯来诊视。最后美国医生的结论是，鲁迅患了结核性肋膜炎，而且，因为积累较久，鲁迅的肋膜里已经有了少量的积液，如果要治愈此病，必须马上抽出液体，不然便会有生命危险。

然而，鲁迅没有听从美国医生的建议，而须藤却一直拖延到当年的 7 月份才给鲁迅穿刺抽取肋膜中的积液。

对于此事，鲁迅的儿子周海婴也一直持怀疑态度，2001 年，他在《鲁迅与我七十年》一书的初版里便写了一个章节——《父亲的死》，并在这个章节里用《一个长埋于心底的谜》做小标题，提出自己的疑问："须藤医生在我父亲去世后，再也没有遇到过。当时以为，也许是我们迁往法租界之故吧。但到了解放后，我母亲几次东渡访问日本，曾见到许多旧日的老朋友，里面也有为我家治过病的医生，都亲切相晤各叙别后的艰苦岁月。奇怪的是，其中却没有这位与我家关系那么不同寻常的须藤医生，也没有听到谁人来传个话，问候几句。"

无意中，我曾经在上海电视频道看过一个专题片，是探疑鲁迅的死因的。

鲁迅于 1936 年 6 月 15 日拍了一张胸透 X 光片，这个 X 光片一直被鲁迅档案馆保存，直到 1984 年 2 月 23 日，上海市第一结核病防治院拿到了这张 X 光胶片，并邀请了一些在上海非常权威的胸内科、放射科等方面的专家来共同研究这个跨越了五十年的底片。上海肺科医院的主任医师何国钧给鲁迅先生定了病症，叫作"慢性组织阻塞性肺病，简称COPD"。

在这个电视片中，周海婴也提出了自己的疑问，他说道："我父亲在最后病重、抢救的时候，并没有提出来要送到医院去。那么他当时呼吸紧迫，心脏衰竭的时候，那应该用氧气，我讲的是这个吸氧的氧气，那时候氧气也很普通的，也没有用。那时候对结核病是没有特效药，但并不是说没有特效药就不采取一些合理的措施。没有用，所以这也是很奇怪。"

不过只要仔细对照一下须藤医生写的那篇《鲁迅先生病状经过》，便可以看出，这篇经过的时间有些随意。须藤记录1936年3月28日第一次采取穿刺术抽取积液。可是这一天的《鲁迅日记》记载："昙。上午得增田君信，午后复。寄吴朗西信。下午得唐弢信。得孟十还信。萧军及悄吟来。得《漱石全集》（十三）一本，一元七角。晚蕴如携藻官来，三弟来。夜小峰夫人来并交小峰信及版税泉二百，付印证四千。邀萧军、悄吟、蕴如、藻官、三弟及广平携海婴同往丽都影戏院观《绝岛沈珠记》下集。"

如果再接着往下看先生的日记，便可知，这些天先生身体应该不错，看了电影，写了不少信件，甚至还有正常的性生活。所以，由此推断，须藤的记录作了假。

自然，还不只是这些，电视纪录片里提到的还有不少，比如：1936年8月14日，须藤记载，在痰中开始发现少许咯血，而鲁迅自己说8月13日开始吐血数十口，到14日打了止血针才止住。10月8日须藤记录:自是日至十月十六日,甚至良好,怠于服药,散步后甚觉快适。而鲁迅自己记录:10 日"又发烧 38 度",11 日、13 日都去医院诊治。

周海婴的《鲁迅与我七十年》出版以后,关于鲁迅死因的质疑,又一次表达了他的观点:"邓肯医生明确指出,病人的肺病已经相当严重,必须首先抽出胸部积液,抓紧治疗。治疗方法很简单,找位中国医生,照他说的实施就行。如果不抓紧治疗(自然是指按肺病治疗),病人最多活半年,如果照他的方案治疗,病人有望再活五六年。一件简单的随便一个医生都能做到的事,一个行医三十多年、资深的日本医生却没有想到和做到。事实上从邓肯医生诊断到父亲去世正好半年的时间,在这半年宝贵的时间里,须藤医生并没有针对肺病进行任何积极有效的治疗,他的治疗仍不过是头痛医头脚痛医脚的表面治疗,或者干脆说是延误病情的无效治疗。父亲再活五六年,甚至渐渐恢复身体的希望就这样被葬送了。"

关于鲁迅被误诊或者谋杀,萧红在《回忆鲁迅先生》一文里也写到过:"七月里,鲁迅先生又好些。药每天吃,记温度的表格照例每天好几次在那里画,老医生还是照常地来,说鲁迅先生就要好起来了,说肺部的菌已停止了一大半,肋膜也好了。"

这位老医生,还亲口对许广平说过:"过了明天就好了。"然而,第二天凌晨,鲁迅便离开了人世。

这怎么能不让人怀疑啊。

萧军与萧红合影

五十　　　最后的弟子:萧军萧红

　　真庆幸,这世界上还有一个叫作萧红的女人,
她用纪录片一样细腻真实的文字还原了鲁迅的生
活片段,让我们在多年以后,在诸多关于鲁迅的资
料里,一眼便发现了她。

　　她对气味敏感(我暗自揣测,这大约源自她入
世之初便被生活挤迫在一个地下室里,生活里种
种污浊的气息让她时刻保持着内心的敏感)。她
喜欢鲁迅的气味,鲁迅文字里的气味,鲁迅房间里
书柜的气味,甚至喜欢和鲁迅分享对自然的味道。
有一天,她奔跑着到了鲁迅的楼上,孩子一般地喘
气,鲁迅问她,有事情吗,她仍然在喘气,平息过
后,欢喜着说:太阳出来了。

　　萧红是一个笔名,她有复杂的故事。

　　一开始,她叫作张乃莹,生于民国元年的端午
节。还是在一开始,她身世零落。生在官宦家庭
的她,母亲早逝,继母待她不好。是祖父给了她启

蒙教育。小学毕业后，她被父亲逼婚，耽误了学业。直到1930年秋天，萧红才初中毕业。当时她起了自由的念想，背着家人，逃婚来到北平，并进入女师大附中读书。然而，学费没有着落的她，不得已只好弃学回家。家人没有帮助她，反而将她软禁。想来，萧红比张爱玲还了得，她很快便又逃了出来，逃到了哈尔滨。又是一个没有目的的自我流放。没有办法，她像是溺水的人，抓住了她的未婚夫王恩甲。

然而，王兄恩甲并不是她要找的人，很快她便觉得上了当。她又一次逃离生活，到了北平。这一次，王恩甲追随萧红到了北平，然后又将萧红骗回到哈尔滨，租住在道外十六道街东兴旅馆里，直到萧红肚子大了，行动不便，王恩甲借口去借钱，逃跑了。

欠了旅馆六百个银圆，老板收不到钱，决定将萧红卖到妓院里去。萧红当时已经临产了，行动多有不便，更逃不出去，只能写信向外面的人求救。然而偌大的哈尔滨她并不认识一个人。幸好她喜欢写作，前不久外出时买到过一期报纸，便照着上面副刊编辑的名字，寄出了一封信。

苍天啊，大地啊，缘分啊，这个时候，让人感动的萧军兄出现在文学史上，他手持萧红写给《国际协报》副刊编辑裴馨园的信件，前去查看情况是不是属实。

然而，两人一见钟情，倾情相恋。

正当萧军千方百计救萧红的时候，苍天啊大地啊，松花江竟然知道萧红遇难，决定决堤相助，一时间市区洪水泛滥，旅馆老板早已经逃得不知踪影，萧军带着萧红住进了裴馨园的家里。萧红生下孩子以后只好送人，然后两人开始共同生活。

在萧军的影响下，萧红开始以"悄吟"为笔名发表作品，且很快便结识了一部分左翼作家。在这些左翼知识分子的带动下，萧军、萧红还在一个抗日剧社里担任了演员。1933 年 8 月，长春《大同报》文艺周刊《夜哨》创刊，萧红作为主要撰稿人，先后发表了《两个青蛙》《哑老人》《夜风》《清晨的马路上》《八月天》等作品。这一年的10 月，萧红与萧军合著的小说散文集《跋涉》，在舒群等人的帮助下，自费在哈尔滨出版，当时两人署名为悄吟、三郎。《跋涉》出版后，萧军、萧红积累了创作的经验，同时也有了一定的人气，得到了不少赞美和鼓励。也正因着这些赞美，他们两个人引起了特务机关的注意。在这样的背景下，为躲避迫害，萧红、萧军在中共地下党组织的帮助下，于 1934 年 6 月逃离哈尔滨，经大连乘船抵青岛。

正是在青岛期间，萧军在《青岛晨报》做副刊编辑，而萧红开始专心地写作长篇小说《生死场》。这年的 10 月初，萧军给鲁迅写了一封信，问了很多问题。鲁迅立即复了信。信是寄到一个书店的，当时萧军所在报社随时都有被查抄的危险，所以地址不稳定，而且又不知道鲁迅能不能收到信，收到信以后会不会及时回信，所以，为了保险起见，便留到一个开书店的朋友那里。

没有想到，那信回得及时，鲁迅很有耐心地回答萧军的提问，关于徐玉诺的诗，关于斗争的文学，关于向鲁迅求教写作上的若干事，关于鲁迅的《野草》。

从这一封信开始，萧军、萧红开始了和鲁迅的交往。

1934 年 10 月下旬，萧军给鲁迅写了第二封信，将萧红写的《生死场》抄了一份，连并之前两个人合出的《跋涉》一起寄去了。然而，信刚发出,萧军所供职的报社便出了问题,一起居住的舒群被捕,萧军差一点被捕,书店的朋友给了他四十元路费,他便和萧红一起到了上海。

意料之外的是,萧军、萧红去上海所坐的船竟然还是大连丸,和他们从大连至青岛时坐的船一样。这个巧合,给他们愉快的暗示,因为他们从大连到青岛之后便得到了帮助,有了工作和住处。他们也希望到了上海,便可以马上和鲁迅先生见面,得到他的帮助。

10 月底到了上海,租了房子之后,第一件事情便是给鲁迅写信,告诉他,他们已经到了上海,想和鲁迅见面。

鲁迅于 1934 年 11 月 3 日复了信给他们,很简短,录在这里:"刘先生:来信当天收到。先前的信,书本,稿子,也都收到的,并无遗失,我看没有人截去。见面的事,我以为可以从缓,因为布置约会的种种事,颇为麻烦,待到有必要时再说罢。"

这封回信让萧军和萧红极度失望和悲伤,据萧军回忆:"四十元的路费已经用去了二十多元,手中只有十八元几角的存钱了。在拉都路租了一间亭子间,先付了九元,余下的买了一袋面粉,一只小炭炉,一些木炭、砂锅和碗筷油盐之类,所余也就'无几'了。虽然已写信去哈尔滨的朋友支援,但远水难济近渴,究竟在上海要怎样生存下去呢? 一切是茫然的,因此很希望早一天能够见到鲁迅先生的面,即使离开上海,也心满意足了。"

虽然不见面,但书信还是一封一封地在进行,其间鲁迅共给二萧写了六封信。有一封借钱的信,鲁迅迟复了两天,萧军、萧红更是经受了煎熬,因为当时鲁迅病了几天。回信的时候,还幽了二萧一默,说道:"十三日的信,早收到了,到今天才答复。其实是我已经病了十来天,一天中能做事的力气很有限,所以许多事情都拖下来,不过现在大约要好起来了,全体都已请医生查过,他说我要死的样子一点也没有,所以也请你们放心,我还没有到自己死掉的时候。"

11 月 27 日这一天,二萧终于得到了鲁迅见面的信:"本月三十日(星期五)午后两点钟,你们两位可以到书店里来一趟吗?小说如已抄好,也就带来,我当在那里等候。"对了,这封信写得很短,却充满了温暖,后面还有一句:"那书店,坐第一路电车可到。就是坐到终点(靶子场)下车,往回走,三四十步就到了。"

这一次见面,鲁迅将萧军开口借的二十元钱带来了,装在一个信封里。萧军在回信里表达歉意,说是给鲁迅带来了麻烦,鲁迅则像长辈一般地回了信:"来信上说到用我这里拿去的钱时,觉得刺痛,这是不必要的。我固然不收一个俄国的卢布,日本的金圆,但因出版界上的资格关系,稿费总比青年作家来得容易,里面并没有青年作家的稿费那样的汗水的——用用毫不要紧。而且这些小事,万不可放在心上,否则,人就容易神经衰弱,陷入忧郁了。"

这一次见面营养了萧军、萧红的一生,其后不久,鲁迅又邀请二萧参加他组织的宴会,认识上海的一些左翼作家。在 12 月 17 日的信中,鲁迅写道:"本月十九日(星期三)下午六时,我们请你们俩到梁园豫菜馆吃饭,另外还有几个朋友,都可以随便谈天的。梁园地址是广西路三三二号。广西路是二马路与三马路之间的一条横街,若从二马路弯进去,比较的近。"

1934 年 12 月 19 日这一天,鲁迅先生在梁园豫菜馆请客,特意将萧红、萧军介绍给当时在上海的茅盾、聂绀弩、胡风、叶紫等作家。除此之外,鲁迅还专门写信推荐二萧的作品。在鲁迅先生的推介下,萧红到上海后写的第一个短篇小说《小六》不久便在《太白》上刊出。接下来,萧红的散文《饿》、短篇小说《三个无聊人》分别刊登在《文学》和《太白》上。从此,萧红这个名字开始陆续出现在《生活知识》《中学生》《作家》《文学季刊》《中流》等多家文学杂志上。萧红很快在上海文学界崭露头角。1935 年 12 月,萧红的中篇小说《生死场》以"奴隶丛书"名义在上海出版,由鲁迅先生作序推荐,马上在当时的中国文坛引起反响,萧红甚至因为此小说一举成名。

随着萧军、萧红和鲁迅越来越熟悉,萧红成了鲁迅家里的常客,尤其是后期,只要二萧一吵架,萧红必跑到鲁迅家里来。

萧红在《回忆鲁迅先生》这篇长文里写道:"有一天下午鲁迅先生正在校对着瞿秋白的《海上述林》,我一走进卧室去,从那圆转椅上鲁迅先生转过来了,向着我,还微微站起了一点。'好久不见,好久不见。'一边说着一边向我点头。刚刚我不是来过了吗?怎么会好久不见?就是上午我来的那次周先生忘记了,可是我也每天来啊……怎么都忘记了吗?周先生转身坐在躺椅上才自己笑起来,他是在开着玩笑。"

这段文字非常传神地介绍鲁迅的幽默,却也足以旁证萧红上午来过下午又来。

再后来,二萧的感情出现危机,萧红在鲁迅的劝说下,决定暂时离开上海,到日本去散一下心。然而,正是萧红在日本期间,1936 年月 10 月 19 日,鲁迅在上海逝世。

萧红在日本看到新闻以后,悲痛不已,给萧军写了一封信,在信中寄托了对导师的深切怀念。1937 年 1 月,萧红回到上海,第一件事情便是和萧军以及许广平一起去拜谒鲁迅先生的墓。

抗日战争爆发后,二萧关系恶化,分开。

萧军去了延安,萧红和端木蕻良到了重庆,之后到了香港。萧红因病逝于香港,年仅三十一岁。

1936 年 10 月 8 日,摄于上海八仙桥青年会

1936 年 10 月 8 日,摄于上海八仙桥青年会

五十一　　八仙桥青年会

　　鲁迅喜欢木刻,进而,喜欢从事木刻的人。翻开 1936 年先生的书信,可以发现,他和一个叫曹白的木刻家往来通信三十余封。

　　比如鲁迅拍肺部 X 光片的事情,在日记里都没有写,而是由许广平代笔给曹白信中提到的。

　　1936 年 8 月 2 日,鲁迅写信给曹白:"病前开印《珂勒惠支版画选集》,到上月中旬才订成,自己一家人衬纸并检查缺页等,费力颇不少。但中国大约不大有人买,要买的无钱,有钱的不要。我愿意送您一本,附上一笺,请持此向书店去取(内附《士敏士图》一本,是上海战前所印,现已绝版了)。"

　　在这封信里,鲁迅还特地解释了,所以印刷的版画集成本很高,是因为印量少,机器不开,用老款的机器想要印好,便成本很高。如果买的人多,印量大,那么,用新机器印,便可以很便宜卖了。这封信的最后一句是"总之,就要走,十月里再谈罢"。然而五天以后的 8 月 7 日,在致曹白的信里又说:"我还没有走,地点和日期仍未定。"

还是在 8 月 7 日的信里,鲁迅谈到了"中华全国木刻第二回流动展览会"。这个活动从 8 月初起,先在广州,而后在杭州和上海举行。鲁迅在信里还特地评价当时中国的木刻现状:"木刻开会,可惜我不能参观了。我对于现在中国木刻界的现状,颇不能乐观。李桦诸君,是能刻的,但自己们形成了一种型,陷在那里面。罗清桢细致,也颇自负,但我看他的构图有时出于拼凑,人物也很少生动的。郝君给我刻像,谢谢,他没有这些弊病,但他从展览会的作品上,我以为最好是不受影响。"

然而,当木刻展览流动到上海以后,10 月 8 日是最后一天,鲁迅还是去了。

曹白回忆鲁迅的那篇名叫《写在永恒的纪念中》写得非常丰富:"到那边还没有十分钟,碰巧的,鲁迅先生也来了。他的帽子是故意戴得那样的低,低到帽沿几乎要碰到了鼻子,只能使人看见半个瘦削的苍白的脸庞和一横鼻下厚厚的胡须。但在冬天,就连胡须也不给人看,他把围巾围没了。这打扮,使有些人就不免说:'鲁迅真古怪。'但这为的是要避去狗眼,一九三一年给他的教训太大了。"

在八仙桥的展览厅里看展览,只一会儿,和曹白一起,跟在鲁迅身后,便有了一群木刻爱好者,他们边听鲁迅评论这些木刻作品,边插话提问题。鲁迅累了,将头上的帽子脱了下来,说:"我们歇一会儿。"

于是,曹白、林夫、陈烟桥以及白危,几个木刻青年,就围着鲁迅坐了下来。然而,他们坐在那里谈笑风生,却没有注意到,也来参观木刻展览的沙飞用相机拍下了鲁迅和木刻青年的合影。

　　每一次看到这一组照片，我都会想到一个法国人，他叫作拉蒂格，是一个知名的摄影师，七十岁的时候突然以摄影作品出名，八十岁的时候成为法国总统的御用摄影师。他有一天去一个做医生的朋友那里拍照片，那个朋友很喜欢中国的传统医学，拉蒂格到的时候，那个朋友正在忙碌着给一个人拔罐，光着上衣的顾客表情相当舒服，显然是一个老顾客。拉蒂格马上抓拍了他的照片。照片发表以后，才被人认出来，此人竟然是毕加索。毕加索光着上身，表情非常友好地看着摄影师，这幅作品成了人像摄影的典范之作。各大媒体争相转载，并广泛地猜测拉蒂格和著名的画家毕加索是很要好的朋友。可是，事实的真相是，拉蒂格，他本人第一次见毕加索，拍照的时候，他根本不认识毕加索。

　　而当时去拍照片的沙飞，也是如此，他除了鲁迅之外，并不认识任何一个人。

　　沙飞学习摄影很偶然，是因为结婚，想记录下和新婚妻子外出旅行的风景，才买的相机。

　　1936 年 9 月，沙飞从老家汕头到了上海，他后来考取了上海美术专科学校西画系，他因与画家司徒乔、电影艺术家司徒慧敏、喜欢摄影的牙科医生司徒博等族亲的来往，认识了上海的左翼木刻家。10 月 8 日在上海八仙桥青年会第二回全国木刻展览会上，沙飞见到了鲁迅先生并为之拍摄。这是鲁迅先生活着时最后的照片。1936 年 10 月 19 日鲁迅离世，28 日广州《民国日报》发表了沙飞的文章《鲁迅先生在全国木刻展会场里》。文章里说："……最后的一天——10月8日,12时半,我去食饭,饭后赶回会场,不料鲁迅先生早已到了。他自今夏病过后,现在还未恢复,瘦得颇可以,可是他却十分兴奋地、很快乐地在批评作品的好坏。他活像一位母亲,年青的木刻作家把他包围起来,细听他的话。我也快乐极了,乘机偷偷地拍了一张照片。昨天来过的那个女记者和两位美国人一同来选画,她早已认得鲁迅,一见面就很亲热地握手,然后再坐下来谈话。这时我又焦急起来了,站到他们的对面又偷摄了这一幕,因为这是难得的机会啊。鲁迅先生徘徊了好些时候才走,给人们留下一个极亲切的印象。"

后来,沙飞把自己冲洗放大的照片寄给鲁迅,并在其中两张照片背面写了字。一张照片背面写的是:"鲁迅先生在第二回全国木刻展览会场中与青年木刻家谈话时之情形。沙飞摄。"另一张写的是:"鲁迅先生10月8日在上海第二回全国木刻流动展览会场中与青年木刻家谈话时之情形。沙飞摄。版权归作者保留,稿费请寄上海蒲石路怡安坊54号沙飞收。"

这张照片上的字很是好玩,沙飞大概还希望鲁迅以后多用他拍的这一组照片,以便付他稿酬。

然而,这一组照片的确让沙飞出了名,鲁迅逝世后,在先生的灵堂里摆放着两张遗像:大照片是美国记者埃德加·斯诺于1933年5月拍摄的,而另一张小的照片便是沙飞在八仙桥拍的,那是鲁迅最后的留影,所以,极具有纪念意义。

后来,沙飞将他拍摄的这一组八仙桥的鲁迅的照片投寄给了上海、广东各大报刊。《作家》1936年11月号"哀悼鲁迅先生特辑"、《生活星期刊》1936年第一卷第二十一号和二十二号、《良友》1936

年一百二十一期、《中流》1936 年十一期、《时代画报》1936 年十一期、《光明》1936 年第一卷第十号"哀悼鲁迅先生特辑"、《文季月刊》1936 年 11 期等先后刊登了署名沙飞拍摄的《鲁迅先生最后的留影》《鲁迅遗容》等照片。有的刊登在封面,有的与司徒乔画的鲁迅像同期发表。广州《民国日报》1936 年 10 月 28 日艺术版《悼念鲁迅专刊》刊登了沙飞文章的同时,刊有李桦的文章及其木刻《最后的鲁迅先生》和编者志:"根据 10 月 8 日下午二时在上海全国木刻联合流动展览会场上摄的照片刻,距离死时只有十天,恐怕是最后的一个遗照。"

可以说,一张鲁迅的照片,成就了一个著名的摄影师。

五十二　　痛别鲁迅

　　鲁迅的死，在风雨飘摇的 20 世纪 30 年代，有一种暧昧难名的政治意义。因为鲁迅有非常明确的政治倾向，他虽然不是共产党员，但他同情共产党，和瞿秋白、冯雪峰感情甚笃。所以，当时虽然举行了声势浩大的葬礼，但是，不久之后，关于鲁迅的纪念活动，国民党当局是限制和禁止的。

　　其实，也正是从鲁迅的葬礼上，鲁迅的命运被限定，被有限而窄狭的政治意义修饰。可以说，从鲁迅的葬礼上，我们已经看出了，鲁迅已经有了文化符号的轮廓。到了今天，阅读鲁迅的作品，就会发现，鲁迅的一些东西已经被抽空，成为一个抽象而伟大的意义符号。而他那些内在的生动而独立的东西，在 1936 年已经随着他的离世而被忽略。

　　首先看一下当时报纸的讣告："鲁迅（周树人）先生于一九三六年十月十九日五时二十五分病卒于上海寓所，享年五十六岁。即日移置万国殡仪馆,二十日上午十时至下午五时为各界瞻仰遗容的时间。依先生的遗言'不得因为丧事收受任何人的一文钱',除祭奠和表示哀悼的挽词、花圈等以外,谢绝一切金钱上的赠送。谨此讣闻。"

然而,关于鲁迅的治丧委员会,却有四个版本。如今最为可靠的应该是第一个版本,即鲁迅逝世当天上海《大晚报》刊登的版本。这一天,《大晚报》发表《鲁迅先生讣告》,讣告中十三人名单如下:蔡元培、宋庆龄、内山完造、沈钧儒、萧参、曹靖华、A.史沫特莱、茅盾、胡愈之、胡风、许寿裳、周建人、周作人。

第二个版本是鲁迅逝世第二天各大报纸登的,也不完全一样。《大晚报》又刊了一个版本,将第一版里的十三个人去掉了几个人,加上了一个马相伯。便成了下面的这个名单:马相伯、宋庆龄、蔡元培、内山完造、沈钧儒、茅盾、A.史沫特莱、萧参。这个版本的名单,在上海《申报》连续刊登了两天,即10月20日和21日,而21日刊登的时候,将蔡元培的名字又放在了第一位。

第三个版本应该是值得怀疑的一个版本,可是,却有一个证据,现存在上海鲁迅纪念馆,据说是冯雪峰当年用铅笔拟定的一张九人名单,分别如下:蔡元培、马相伯、宋庆龄、毛泽东、内山完造、A.史沫特莱、沈钧儒、茅盾、萧参。

第四个版本是当时上海的一家日本报纸《日日新闻》在1936年10月20日的中文版和日文版上刊登的鲁迅治丧委员会八人名单:宋庆龄、蔡元培、毛泽东、斯梅达列夫人、内山完造、沈钧儒、茅盾、萧参(按:斯梅达列夫人即为史沫特莱)。

也正是因为鲁迅逝世的政治意义,像在丧葬礼上出过力的(抬棺者或扶棺者），或者拍过照片的，甚至参加了守灵的，等等，都会有一种荣誉感，又或者是占了鲁迅的便宜。事实也是这样。当鲁迅在新中国成立后成为国学，成为供人研究和供奉的对象以后，哪怕是和他沾过的任何人和事物都会被提及，或者赋予莫名其妙的意义。比如萧军，除了文学之外，更因为他在鲁迅葬礼上格外地卖力，到了延安之后便被重用。摄影师沙飞更是因为拍摄了鲁迅先生活着时最后一组相片，以及参与了葬礼的拍照活动，而成为知名的新闻摄影师。

孔另境先生的长女、学者孔海珠在《痛别鲁迅》一书中详细列了参与鲁迅葬礼的部分人员名单："于治丧委员会以外，又临时成立了'治丧办事处'。除履行委员会指定任务外，还担任丧事的内部事务，如招待来宾，布置灵堂，签名，缚纱，代收祭物，通告文书，接见新闻记者，维持秩序，登记挽联等。据《鲁迅先生纪念集·鲁迅先生逝世经过略记》记载，'治丧办事处'由鲁彦、巴金、黄源、张天翼、靳以、陈白尘、蒋牧良、姚克、萧乾、黎烈文、张春桥、赵家璧、费慎祥、孟十还、欧阳山、周文、聂绀弩、凡容、以群、白危、曹白、周颖、草明、雨田、华沙、樨公、契明、田军、池田幸子、鹿地亘等三十多人组成。此外，还有不少人未列入名单，如当时在上海的木刻青年黄新波等，还有在治丧期间每天都在殡仪馆帮助做事的孔另境、马子华等。几天里，内山书店歇业，全体职工也前来协助工作。"

这些人，不但主持着整个丧葬仪程，还有分工明确的工作，比如扶柩的人员名单：黄源、田军、胡风、巴金、黎烈文、姚克、欧阳山、周文、靳以、张天翼、孟十还、聂绀弩、吴朗西、曹白。家属接待：黄源。

司仪:张天翼、姚克。掌门旗:蒋牧良、欧阳山。纠察:巴金、黎烈文、鲁彦、赵家璧、唐弢、萧乾、直夫、白尘、靳以、田间、丸容、周文、方之中、张天翼、曹白。新闻记者招待:姚克、黄源。

这些名单相互交叉,但还是要统筹兼顾。

1936年11月1日下午3时,上海八仙桥青年会,"头七"过完了,是该答谢参与鲁迅丧葬事宜的诸多朋友的时候了。由许广平、周建人等鲁迅的家属以及治丧委员会等组成的答谢团举行宴会招待参加送殡的各界代表,及治丧处的全体同人,出席的有蔡元培、沈钧儒、内山完造、茅盾、许广平、周建人、胡愈之、夏丏尊等五十余人。蔡元培致辞,许广平向各界致谢,由胡愈之、胡风报告治丧经过及经费情形。"此次治丧费用,完全由景宋女士筹出。但鲁迅生前并无积蓄,版税被书店拖欠,此项费用,由中国及世界各国敬仰鲁迅先生的人筹出。虽景宋女士一再声明愿由家属完全担负,但到会者一致同意由鲁迅先生纪念委员会收集各界的献金归还家属。"

同日,鲁迅先生纪念委员会筹备会在上海组成,宋庆龄、蔡元培、沈钧儒、内山完造、茅盾、许广平、周建人等为筹备会委员。

然而周海婴在《鲁迅与我七十年》一书的《父亲的死》这一节里写到过丧葬费用,其中,他引用了许广平在1940年致许寿裳先生的一封信,信中说:"周先生死去后印《且介亭》三册,费去七百元,印《鲁迅书简》,费去二千元;丧费三千余元;从廿五年三月病起至死,每月医药费亏空百余元,共约千余元(周先生病死,为什么一个人也不来负责? 这时倒来迫钱了);以上连家用、印书、丧费、病费,最少共用去一万五千四百余。收入……陆续收到共四千余元。……实亏空一万余元。但此巨数,绝非架空,有事实可根据。"

可见,鲁迅先生纪念委员会,也并没有给许广平及周海婴带来丰裕的生活。

还有,关于鲁迅的墓地、棺材的价格,记录也是有不同的版本。学者孔海珠在《痛别鲁迅》一书中写道:"墓地、棺材和寿衣的选择,最后都由许广平决定。沈钧儒帮助联系了墓地……这具棺材是向万国殡仪馆定购的,10 月 22 日的《大晚报》载:'灵柩的代价,据说是九百元,为宋庆龄女士所送。葬在万国公墓的一个墓穴,是值价五百八十元。"

然而,周海婴在《鲁迅与我七十年》一书里却说:"综合上面几位重要人士的证明,父亲的棺木似乎并非由救国会或孙夫人宋庆龄出资。我母亲历来对党感恩戴德,如果棺木确实是冯雪峰代表党付的款,母亲在国民党的统治下需要保守秘密的话,那么解放后直到她去世,时间约二十年,完全不必为这件事保密了。"

我觉得这段话很有道理,新中国成立以后的很多回忆录都涉嫌虚夸或者虚构,和党没有关系的人千方百计地往共产党身上靠,更何况是确实得到过党的帮助的呢。

鲁迅先生纪念委员会筹备会成立以后,由茅盾等人执笔先后在媒体上发表过三次公告。其中第二个公告内容很是丰富,摘录在这里:"(一)本会设秘书处,分文书庶务两股;(二)由本会各委员分别向国内外各界知名人士及鲁迅先生亲友接洽组织正式纪念委员会之准备工作;(三)商定鲁迅先生坟地初步布置手续,克日进行;(四)

征求永久性质之坟地设计;(五)征求对于纪念的事业之意见;(六)募集办理纪念事业之资金;(七)以上有关四五两项之函件请寄本会暂时通讯地址,关于捐款请交由各地中国银行信托部代收;(八)本会进行状况及收到捐款数目及捐款人台衔,当随时登报公布,以昭信实。"

　　上面公告中所说的临时通信地址便是周建人的地址,商务印书馆编译所。然而,公告出过之后,鲁迅的墓地并没有重新设计过。抗日战争爆发后,鲁迅的墓碑曾遭到破坏,后来由内山完造修复了。一直到抗日战争胜利后,鲁迅的墓地才由许广平女士亲自设计扩建。

代后记　　用图像和文字拼贴一个日常的鲁迅

周令飞

　　鲁迅是谁？这是我前几年常常挂在嘴边的一个问号。这是对鲁迅的一种疏远，从内心里，我无法接受一个伟大得只剩下空壳的鲁迅。之所以造成如此的结局，是因为过度的阐释和人为的神话。孰料想，这种抽空式的造神，让我这个鲁迅先生的后人也觉得自己的祖父是一尊陌生的神像。

　　这些年，物质的丰富使得通向世界的方式增加了，部分国人的阅读层次和趣味也发生了很大的变化。也正是有了这样的机会，一些还原鲁迅的图书和研究有了进展。几年前，我做客北京电视台的一个读书栏目，巧遇一个年轻的作家，他叫赵瑜。他喜欢鲁迅。

　　节目做过之后，我得到了赵瑜的一本赠书，是他的新作，叫作《小闲事》。书很好读，是从《两地书》出发，来解读一个会谈恋爱的鲁迅。我一下子被他的文字吸引了。

　　很巧合，我看到赵瑜在这本书里发誓要将鲁

迅先生还原成一个活生生的人。这不正是我这些年来努力要做的工作吗？几乎是在阅读赵瑜的同时，我想起要联系他。

这些年鲁迅先生成为一个偏执的代名词。有一次，一个记者采访我，问道："你作为鲁迅先生的后人，你感觉鲁迅先生是不是一个喜欢和人吵架的人？鲁迅先生不是有一句吵架诗吗，横眉冷对千夫指……"我当然知道他的意思，他是想说，鲁迅一直活在红皮书里，紧靠着《毛主席语录》，几乎不能反驳。绝对的权威，自然是僵硬呆板的。我记得当时我还仔细地回答了他，说："横眉冷对是一个夸张的说法，对应的是后面的俯首甘为。我觉得鲁迅不仅不低硬，从我集的祖父的照片资料来看，一百余张照片中，有二十几张是面带微笑的。"

这些年，我组织了无数鲁迅的论坛，和不少鲁迅研究的专家交流，有一个共识是：既然鲁迅先生在中国文学史上已经有了举足轻重的地位，那么，作为后人，我应该感到光荣和骄傲。但同时，我有义务去丰润历史上被悬挂起来的祖父的模样；除了被木刻了的，除了被当作战士和旗手了的，甚至因为时代的原因，被刻意虚构了的鲁迅，我还要告诉大家一个幽默风趣、热爱生活的鲁迅，一个有血有肉、饮食男女的鲁迅。

70后作家赵瑜先生的这本《花边鲁迅》，以活泼的文笔，将尘烟往事揭开，将鲁迅先生笑声和笑脸呈现，这样，总算是一件有意思的事情。

（周令飞，鲁迅的长孙，上海鲁迅文化发展中心理事长。）

图书在版编目（CIP）数据

花边鲁迅/赵瑜著. —郑州：河南文艺出版社，
2019.1（2019.10 重印）

ISBN 978-7-5559-0736-7

Ⅰ.①花…　Ⅱ.①赵…　Ⅲ.①鲁迅（1881—1936）
-人物研究　Ⅳ.①K825.6

中国版本图书馆 CIP 数据核字（2018）第 284722 号

策　　划　杨　莉　张　丽
责任编辑　张　丽
责任校对　殷现堂
装帧设计　吴　月
责任印刷　陈少强

出版发行　河南文艺出版社
本社地址　郑州市郑东新区祥盛街 27 号 C 座 5 楼
邮政编码　450018
承印单位　河南瑞之光印刷股份有限公司
经销单位　新华书店
纸张规格　890 毫米×1240 毫米　1/32
印　　张　9
字　　数　191 000
版　　次　2019 年 1 月第 1 版
印　　次　2019 年 10 月第 2 次印刷
定　　价　40.00 元